Wurzelwerk

Markus Wagner und Petra Forster

Wurzelwerk

Herbst- und
Winterrezepte
aus der
Gemüseküche

Jan Thorbecke Verlag

VERLAGSGRUPPE PATMOS

PATMOS
ESCHBACH
GRÜNEWALD
THORBECKE
SCHWABEN

Die Verlagsgruppe
mit Sinn für das Leben

Für die Schwabenverlag AG ist Nachhaltigkeit ein wichtiger
Maßstab ihres Handelns. Wir achten daher auf den Einsatz um-
weltschonender Ressourcen und Materialien. Dieses Buch wurde
auf FSC®-zertifiziertem Papier gedruckt. FSC (Forest Stewardship
Council®) ist eine nicht staatliche, gemeinnützige Organisation,
die sich für eine ökologische und sozial verantwortliche Nutzung
der Wälder unserer Erde einsetzt.

© 2013 Jan Thorbecke Verlag der Schwabenverlag AG, Ostfildern
www.thorbecke.de

Gestaltung: Markus Wagner, Stuttgart
Umschlaggestaltung: Finken & Bumiller, Stuttgart
Umschlagabbildungen: mauritus images/Kuhnle & Knödler (Vorderseite),
Markus Wagner (Rückseite)
Druck: Druckerei Uhl, Radolfzell
Hergestellt in Deutschland
ISBN 978-3-7995-0236-8

Inhalt

Vom Wesen der Mahlzeit

Als „olle Knolle" muss Wurzelgemüse ein Kellerdasein fristen. Seine beste Eigenschaft, die gute Lagerfähigkeit, wird dem Wurzelgemüse zum Verhängnis: erdig, schrumpelig, immer bereit. Ob Karotten, Rettich oder Teltower Rübchen – in diesen Speicherorganen ist so vieles, was wir als schnelllebige Neuzeitmenschen so dringend bräuchten: Abwehrstoffe, Speicherstoffe mit hohem Sättigungsgrad und vielseitiger Verwendbarkeit.

Rüben und Knollen haben im sogenannten „Steckrübenwinter" 1916/17 weite Bevölkerungsteile vor dem Hunger bewahrt. Steckrüben sicherten damals aufgrund ihres hohen Vitamin- und Nährstoffgehalts die Versorgung. Daraus zauberten erfindungsreiche Hausfrauen Eintöpfe, Aufläufe und sogar Torten und Marmeladen. In Seniorenkreisen sind die Rüben noch gut bekannt, aber auch oft verachtet.

Die vielfältigen Möglichkeiten der heutigen Würzung und Küchentechnik machen aus den ollen Knollen und Rüben allerdings ein kulinarisches Highlight. Das waren noch Zeiten, als zum Mahl auch die Zeit und eine Suppe dazugehörten. Doch mit den Rezepten und den Erläuterungen dazu hoffen die Autoren, eine neue Vision der Küchenkunst schmackhaft zu machen und insbesondere die Zeit als wichtiges Element in der Entstehung guter Zutaten und gedeihlicher Mahl-Zeiten als Küchenhilfe mitarbeiten zu lassen.

Jedes Rezept soll seinen Platz haben, nicht nur im sogenannten Timer, sondern im Alltag, in den heute so spärlichen Zeitfenstern und im Reigen der jahrestypischen Feste. Wenn sich bei letzteren die Tische bogen, dann nicht nur deshalb, weil so üppig gekocht wurde, sondern auch, weil typische Festtagsgerichte gut vorzubereiten waren. Ein guter Braten, so meinten unsere Großmütter, liefe von allein, die Wurzelbrühe für die Sauce sei ja schon gemacht, die Salate aus Roter Bete und Sellerie fielen auch nicht zusammen, sondern müssten ohnehin wie die Kartoffelknödel „vor sich hin ziehen". Lebensmittel aus Speisen, die „einen Stand" haben, sättigen besser und der Hunger kommt nicht so schnell wieder. Bei uns kommt das gut an, denn Speisen aus – wie man wissenschaftlich so schön formuliert – komplexen Kohlenhydraten (im Gegensatz zu den schnellen) zeichnen sich durch einen langsameren Anstieg von Blutzucker und Blutfetten aus. Sie geben uns also kontinuierlich Energie. Darum wünschen wir Ihnen mit diesem Buch genüssliche Mahlzeiten!

Petra & Markus

Einleitung
Inhaltsstoffe

Verwurzelt, fest im Boden, geerdet sein – das spiegelt positive Gefühle wider. Ein Wurzelgemüse kennen die Botaniker eigentlich nicht, aber die Küchenkünstler, die deren Speicherstoffe auf vielfältige Weise nutzen. Die unterirdischen oder auch knapp oberirdischen, fleischig verdickten Pflanzenteile helfen der Pflanze, ungünstige Phasen von Trockenheit oder Frost zu überbrücken. Die reichen Einlagerungen von Speicherstoffen wie Inulin, Fruchtsäuren und Carotinoiden, Kalium und B-Vitaminen sind in den Wurzeln ideal kombiniert. Diese Speicherstoffe sind im Gegensatz zu denen in Fruchtgemüse wie Tomate oder Gurke jedoch „platzsparend" und sicher untergebracht, d.h. mit wenig Wasser und komprimiert. Dafür werden die Kohlenhydrate zu langen gedrillten Ketten verpackt und mit Ballaststoffen umhüllt. Sie werden daher auch komplexe Kohlenhydrate genannt. Für deren Verdaulichkeit bedeutet dies, dass sie nicht sofort löslich sind, sondern Zug und Zug abgebaut werden. Uns modernen Menschen bietet das eine ausgewogene Energieversorgung „just in time", denn komplexe Kohlenhydrate machen länger satt. Ernährungsphysiologisch wird dies mit dem Fachbegriff „niedriger glykämischer Index" beschrieben. Dabei wird jedem Lebensmittel ein Wert zwischen 0 und 100 zugeordnet; dieser Wert beschreibt, wie schnell der Zucker ins Blut fließt. Je höher der Indexwert, desto schneller steigt nach dem Verzehr eines Lebensmittels der Blutzuckerwert an. Bei Diabetes und Metabolischem Syndrom, aber auch für alle, die kein Bäuchlein ansetzen wollen, ist dies ungünstig.

Die Ballaststoffe, welche die Kohlenhydrate umhüllen, sind beileibe kein Ballast. Sie können sehr gut Wasser binden, quellen daher im Darm auf und fördern so dessen rhythmische Beweglichkeit: Dadurch wird die Nahrung schneller durch den Magen-Darm-Trakt transportiert, was Krankheitserregern weniger Zeit lässt, um sich festzusetzen. Außerdem werden so Umweltgifte schnell wieder aus dem Körper hinaus befördert. Ballaststoffe unterstützen uns, eine „gute Figur zu machen": Sie sättigen, ohne Kalorien zu liefern.

Um Speicherstoffe wie Stärke oder Fructane wieder zu „entpacken", brauchen Topinambur und andere „Erdäpfel" auch aktivierende Co-Enzyme. Daher enthalten diese Vorratsspeicher fünfmal mehr Kalium als Nudeln und fünfzehnmal mehr als Reis. Kalium stärkt das Herz, Kaliummangel verursacht Darmträgheit. Kalium ist wasserlöslich, es geht daher beim Waschvorgang oder beim Kochen leicht verloren. Besonders kaliumreich sind Pastinake, Topinambur und Kartoffeln sowie Sellerie, Rettich, Radieschen und Schwarzwurzel.

Hitzeempfindliche und wasserlösliche B-Vitamine und Vitamin C sind in Knollen gut geschützt. Wie ideal, dass diese auch noch gut lagerfähig sind und so im Winter zu guten Vitamin-C-Lieferanten werden! Nudeln oder Reis enthalten nach dem Kochvorgang in Wasser nichts mehr davon. Knollen enthalten nicht nur reichlich Ballaststoffe (zwei Portionen decken ca. 20 bis 50 % des Tagesbedarfs) sondern auch eine besondere Form davon. Das Inulin, das in Kartoffeln, Schwarzwurzel und Zwiebel vorkommt, ist eine Kette aus Fructosebausteinen, die der Pflanze auch bei ungünstiger Wetterlage das Überleben garantiert. In unserem Körper kann es ohne Insulin verstoffwechselt werden; das macht den Speicherstoff daher in der Lebensmittelindustrie für die Herstellung von sog. „funktionellen" Lebensmitteln sehr beliebt. Inulin ist kalorienarm und vielseitig: Fettarme Speisen werden durch Inulin besonders cremig und sahnig, bekommen also ein besonderes „mouthfeeling". Dabei liefert 1 Gramm nur 1 Kalorie. Wurzeln eignen sich dank der enthaltenen Inuline hervorragend zum Backen. Eine geringe Zugabe davon zum Mehl ergibt schöne, lockere Backwaren mit hohem Ballaststoffanteil. Das ist ideal für alle, die es gerne knusprig, aber nicht zu kalorienreich haben möchten, und ganz besonders für Diabetiker. Ihre Reste von Topinambur oder Schwarzwurzel können Sie anderntags also gut beim Backen von Brötchen oder Zopf verwenden.

Als wären die aufgeführten Inhaltsstoffe der Wurzelgemüse nicht schon Grund genug, diese auf unseren Speiseplan zu setzen, enthalten die Wurzeln darüber hinaus auch noch weitere Stoffe, sogenannte sekundäre Pflanzenstoffe. Diese können nicht nur in den Pflanzen wichtige Aufgaben übernehmen, sondern stärken die Immunantwort des Körpers und können bei regelmäßigem Verzehr zur Risikoreduktion vieler Erkrankungen beitragen. Eine Gruppe der sekundären Pflanzenstoffe sind die antioxidativ wirksamen Anthocyane, die den auberginenfarbenen Karotten, lila oder zinnoberroten Kartoffeln ihre Farbe geben. Die Farbstabilität hängt dabei von vielen Faktoren ab (pH-Wert, Temperatur, Licht, Enzyme, Metalle). Anthocyane besitzen sogar ein höheres antioxidatives Potential als Vitamin C oder E und schützen damit in unserem Organismus die Erbsubstanz sowie Proteine und Blutfette. Von Bedeutung sind auch die Carotinoide deutlich gelber Gemüsesorten; dem Lutein wird eine regenerierende Wirkung bei der Macula-Degeneration (altersbedingter Netzhautschaden am Auge) zugesprochen. Carotinoide sind außerdem wichtig für die Zellkommunikation, also die schnelle Weiterleitung von elektrischen und chemischen Signalen z.B. in Augen, Nerven, Drüsen und Knochen. Darüber hinaus wirken farblose phenolische Verbindungen wie Gallussäure und Chlorogensäure im Konzert der Radikalfänger mit. Farben schützen die Pflanzen vor UV-Strahlung oder vor Verderb im Boden; sie sind auch für uns von hohem gesundheitlichen Wert. Blasse Kartoffeln sind eine kalorienarme Sättigungsbeilage, intensiv gefärbte Kartoffeln gehören in Frankreich hingegen zum Gemüse.

Verträglichkeit

Ohne Frage sind Speicherstoffe, sekundäre Pflanzenstoffe und Ballaststoffe gesund und wichtig für die Abläufe im Körper. Die Ballaststoffe in bisher ungewohnten Gemüsesorten können bei empfindlichen Menschen allerdings Blähungen verursachen. Um dies zu vermeiden, sollten Sie Neues erst nach und nach in den täglichen Speiseplan aufnehmen, ein- bis zweimal wöchentlich, und dabei zuerst gekochte Rezepte ausprobieren. Wichtig jedoch für alle: Vor dem Essen ein bis zwei Gläser Wasser trinken oder eine Suppe essen!

Obst- und Gemüsesorten, die gut zu pürieren sind und auch zum Andicken von Saucen verwendet werden – wie Karotten oder Pastinaken –, enthalten zumeist lösliche Ballaststoffe wie Pektine, Oligofructose und Dextrine, die der Körper besser verträgt als unlösliche Ballaststoffe aus Getreide. Lösliche Ballaststoffe haben zudem eine günstige Wirkung auf den Cholesterinspiegel. Praktisch heißt das: Wurzelgemüse für die eigene Herstellung von Brühen und Beizen einsetzen, Saucen statt mit Sahne mit Wurzelrösti (Sofritto) binden und öfter bunte Eintöpfe aus Gemüse und Knollen auf den Tisch bringen.

Auch Menschen mit einer nicht erblichen Fructoseintoleranz, die durch die zunehmende Verwendung von Fructose in der Lebensmittelindustrie verursacht sein kann, müssen auf inulinhaltiges Wurzelgemüse nicht verzichten. Ausschlaggebend für Beschwerden ist nicht nur der Gehalt an Fructose oder Inulin, sondern auch weitere Nahrungsinhaltsstoffe, das Verhältnis von Glucose zu Fructose, Fett, Protein, Sorbit und anderer darmwirksamer Stoffe. In der individuellen Ernährungstherapie können inulinhaltige Wurzeln sogar gezielt zum Aufbau der Darmfunktion eingesetzt werden.

Allergiker sollten Kreuzreaktionen bei ihrer Ernährung berücksichtigen. Bei Pollenallergie kann eine sogenannte Kreuzreaktion auf bestimmte Lebensmittel auftreten, die ein dem Pollen ähnliches Allergen enthalten. Dieser Zusammenhang wird häufiger bei Nahrungsmittelallergenen aus Weizen, Sellerie, Kuhmilch, Tomaten oder Geflügelfleisch beschrieben. Schälen oder Erhitzen kann die Allergenität reduzieren. Bei 40 % der Beifußpollen-Allergiker kann eine Kreuzallergie gegen Sellerie auftreten. Sellerie enthält ein hitzestabiles Allergen, löst also auch nach langem Kochen noch Reaktionen aus. Bei 10 % der Pollenallergiker gegen Birken-, Erlen-, Haselpollen kann eine Kreuzreaktion auf rohe Karotte oder andere Doldenblütler auftreten. Zur Familie der Doldenblütler gehören: Karotte, Anis, Koriander, Kümmel, Kreuzkümmel, Dill, Liebstöckel, Fenchel, Petersilie sowie Petersilienwurzel. Das Allergen der Karotte ist allerdings hitzelabil, d.h. gekochtes Gemüse wird normalerweise gut vertragen; dies kann in der Arztpraxis kontrolliert werden.

Einkauf und Lagerung

Wurzelgemüse gibt es das ganze Jahr über. Es empfiehlt sich aber in vielerlei Hinsicht, das Gemüse dann einzukaufen, wenn es Saison hat. Im Frühjahr werden auf dem Markt, aber inzwischen auch im Supermarkt die köstlichen Mairübchen angeboten, butterzart sind die gelben Butterrübchen. Karotten gibt es in diversen Sorten das ganze Jahr über. Winterharte Arten wie Schwarzwurzeln, Zuckerrübe, manche Karottenarten und Pastinake können, solange der Boden nicht tiefgefroren und gut abgedeckt ist, auch während der Wintermonate im Garten belassen werden.
Der Nährstoffgehalt von pflanzlichen Lebensmitteln ist keine feste Größe, sondern von vielen Faktoren abhängig: Sorte, Reifegrad bei der Ernte, klimatischen Bedingungen, Boden, Düngung und Anbauform sowie Transport und Lagerung. So schwankt der Vitamin-C-Gehalt von Kartoffelsorten um 14–30 %. Durch Lagerung über 4 °C leiden insbesondere Vitamin C und Folsäure, der Mineralstoffgehalt hingegen bleibt konstant. Temperaturschwankungen erhöhen den Stoffwechsel der Pflanzen und beschleunigen den Qualitätsverlust. Auch häufiges Bewässern beim Anbau macht das Gemüse zwar „saftig", aber nicht unbedingt aromatisch. Verglei-

chen Sie übliche Supermarkt- mit Biokarotten: Erstere sind saftig, aber sie verschrumpeln auch ganz schnell. Biokarotten hingegen kann man aufgeschnitten viel länger liegen lassen, sie sind immer noch ansehnlich; insbesondere beim Kochen zeigen sie ihr volles und deutliches Aroma und eine kräftige stabile Farbe, reich an verschiedenen Carotinoiden. Kaufen Sie also am besten ausgereiftes Gemüse frisch auf dem Markt, wenn möglich Bioware, und lagern Sie Ihren Einkauf richtig. Dabei spielt auch die Sortenauswahl eine Rolle: Spät reifende Sorten eignen sich in der Regel besser für die Einlagerung als frühe Sorten. Als Lagerkarotten bieten sich die Sorten Nantaise, Bauers Kieler Rote oder Pariser Markt sowie die Bio-Sorten Montana, Maestro und Bolero an, die auch als sogenannte „Sandkarotten" im Bioladen angeboten werden. Karotten, Rettiche und Zwiebeln können ab Juli eingelagert werden, Rote Bete und Sellerie ab August, Kartoffeln ab August bis Oktober, Pastinaken und Steckrüben ab September und Teltower Rübchen ab Oktober.

Für die Vorbereitung aller Gemüsearten zur Lagerung gilt: immer die Blätter entfernen, denn über diese verdunstet Wasser; das Gemüse wird sonst schneller welk und runzelig. Dabei nur die Herzblätter belassen; die Haltbarkeit von Bundmöhren kann so auf etwa zehn Tage erhöht werden. Frisches Gemüse sofort abkühlen, damit „Atmung" und Qualitätsverlust gestoppt werden. Knollen, die unter der Erde wachsen (mit Ausnahme von Kartoffeln), können auch mit Eis gekühlt werden, müssen jedoch dann gut getrocknet werden. Voraussetzung für jegliche Gemüselagerung ist eine gute Reife sowie trockene Erntebedingungen.

Damit die Vitamine erhalten bleiben, sind konstante Lagerbedingungen wichtig. Grundsätzlich sollten Wurzelgemüse – außer Kartoffeln – kalt, d.h. unter 4 °C, gelagert werden. In modernen Kühlschränken bietet auch das große Gemüsefach, richtig eingestellt, gute Lagerbedingungen. Häufig lässt sich über einen Verschieberegler die Feuchtigkeit im Fach einstellen. Sie sollte nahe bei 90 % liegen, d.h. kurz unter dem Taupunkt. Sammelt sich zu viel Wasser im Gemüsefach, dann die Schlitze etwas öffnen. Wird darin gelagerte Petersilie – ein guter Feuchtigkeitsmesser – schon nach zwei Tagen schlapp, dann die Luftklappen schließen und ggf. ein feuchtes Küchentuch hineinlegen, das alle drei Tage gewechselt wird.

Für größere Lagermengen bieten sich gut gedämmte Keller, Garagen oder Gartenhäuser an. Ideal für die Lagerung ist ein leicht feuchter Keller, aber die wenigsten haben noch einen Keller mit Lehmboden. Als Lagerkisten eignen sich Lagersteigen oder Großkisten. Die Kisten sollten so gestapelt werden, dass kühle Luft den gesamten Stapel durchstreichen kann, auch regelmäßiges Lüften des Raumes ist wichtig. Das Gemüse in den Kisten sollte dann alle vier bis sechs Wochen kontrolliert und gegebenenfalls aussortiert werden. Bei möglichst dunkler Lagerung halten die so gelagerten Gemüse bis März/April frisch. Ein Lagerschwund von etwa 30 bis 50 Gewichtsprozent ist jedoch normal.

Für eine Sandmiete im Garten, aber auch in einem Topf in der Garage, auf dem Balkon oder im Keller benötigen Sie eine Holzkiste oder einen großen Tontopf. Dort hinein werden dann lagenweise Spielsand und ungewaschene Möhren oder Knollen geschichtet. Die oberste Sandschicht sollte immer feucht bleiben, es muss also regelmäßig mit Wasser gesprengt werden.

Verarbeitung und Zubereitung

 Grundsätzlich sollte Wurzelgemüse, wie übrigens anderes Gemüse auch, vitamin- und mineralstoffschonend zubereitet werden. Einige Vitamine sind hitzeempfindlich, andere sauerstoffempfindlich, wieder andere vertragen beides nicht. Zu diesen sensiblen Vitaminen gehören Vitamin C und Folsäure sowie Vitamin B1 und B6. Die Verlustraten bei diesen Vitaminen bewegen sich je nach Zubereitung zwischen 5 und 50 %. Bei den sekundären Pflanzenstoffen sind ebenfalls einige hitzeempfindlich, andere hingegen wie Sulfide in Zwiebeln müssen stark zerkleinert oder – wie Carotin oder Lycopin – erhitzt werden, damit sie wirksam sind.

Wer bislang insgesamt wenig Gemüse beziehungsweise Wurzelgemüse gegessen, jedoch einen empfindlichen Magen hat, sollte zuerst die Rezepte auswählen, in denen die Wurzeln püriert werden. Wichtig ist ein vitamin-C-schonendes Dünsten oder die nachträgliche Zugabe von frischen Kräutern oder Rohkost zum gegarten Gemüse. Mineralstoffe sind zwar hitzebeständig, die Bioverfügbarkeit wird aber durch die Gegenwart von Vitamin C, das auch nach dem Kochvorgang zugegeben werden kann, sowie durch Zerkleinern oder Kochen noch verbessert.

Wie gut Carotinoide aufgenommen werden können, hängt von verschiedenen Faktoren ab: Struktur des Lebensmittels, Gallenfluss, Anwesenheit von Fett oder Ballaststoffen. Die beste Bioverfügbarkeit wird erreicht, wenn die Lebensmittel fein zerkleinert und gekocht werden und Fett verfügbar ist. Unsere Vorfahren haben deshalb das Wurzelgemüse meist als Mus zubereitet. Der Name Gemüse leitet sich heute noch davon ab.

Ein Karottensalat aus gekochten Möhren ist also ein viel besserer Pro-Vitamin-A-Lieferant als ein roher Karottensalat – letzterer enthält jedoch mehr Vitamin C. Das Fett oder Öl muss nicht direkt zum Karottensalat gegeben werden, es genügt die Anwesenheit von Fett im Magen-Darm-Trakt, z.B. von der letzten Mahlzeit.

Für die Zubereitung von Wurzelgemüse gilt grundsätzlich Folgendes:
· Gemüse in kaltem Wasser kurz und gründlich waschen, erst kurz vor der Zubereitung zerkleinern,
· beim Kochen (mit Deckel) nur wenig Wasser verwenden, d.h. dünsten oder dämpfen, und bei geringer Temperatur garen,
· bereits länger gelagertes Gemüse nur dünsten, keiner längeren Hitzeeinwirkung aussetzen (nicht als Auflauf oder gebraten anbieten),
· Gemüse zum Fleisch oder Fisch mit in die Bratfolie geben,
· kurze Garzeiten einhalten und dabei auf Farberhalt achten,
· Kochwasser für Suppen- oder Saucenzubereitung weiterverwenden.

Saisonkalender

	Jan	Feb	Mär	Apr	Mai	Jun	Jul	Aug	Sep	Okt	Nov	Dez
Kartoffel	Lager	Lager	Lager	Lager	Lager	Lager+Freiland	Lager+Freiland	Lager+Freiland	Lager+Freiland	Lager+Freiland	Lager+Freiland	Lager
Kohlrabi					Folie+Freiland	Freiland	Freiland	Freiland	Freiland	Freiland	Glashaus	
Mairübe					Freiland	Freiland	Freiland					
Mangold						Freiland	Freiland	Freiland	Freiland	Freiland		
Möhre	Lager	Lager	Lager	Lager	Lager	Lager+Freiland	Freiland	Freiland	Freiland	Freiland	Freiland	Lager
Pastinake	Lager	Lager	Lager	Lager					Freiland	Freiland	Freiland	Lager
Petersilienwurzel	Lager	Lager	Lager	Lager					Freiland	Freiland	Freiland	Lager
Radieschen				Folie	Freiland	Freiland	Freiland	Freiland	Freiland	Freiland		
Rettich	Lager	Lager	Lager	Lager	Lager+Freiland	Freiland	Freiland	Freiland	Freiland	Freiland	Freiland	Lager
Rote Bete	Lager	Lager	Lager	Lager	Lager	Freiland	Freiland	Freiland	Freiland	Freiland	Freiland	Lager
Schwarzer Rettich (Winterrettich)	Freiland	Freiland								Freiland	Freiland	Freiland
Schwarzwurzel	Lager	Lager	Lager						Freiland	Freiland	Freiland	Lager
Sellerie (Knollensellerie)	Lager	Lager	Lager	Lager	Lager	Freiland	Freiland	Freiland	Freiland	Freiland	Freiland	Lager
Sellerie (Stangensellerie)					Freiland	Freiland	Freiland	Freiland	Freiland	Freiland		
Steckrübe (Kohlrübe)	Lager	Lager	Lager						Freiland	Freiland	Freiland	Lager
Topinambur	Freiland	Freiland	Freiland	Freiland	Freiland	Lager				Freiland	Freiland	Freiland
Weiße Rübe (Herbstrübe, Teltower Rübchen)	Lager	Lager	Lager	Lager					Freiland	Freiland	Freiland	Lager

● = Lager | ● = Freiland | ◉ = Lager + Freiland | ● = Folie | ◉ = Folie + Freiland | ● = Glashaus

Quellen: Saisonkalender „Heimisches Obst und Gemüse" der Verbraucherzentralen, agrikom GmbH / Fachagentur für Agrarkommunikation

Wurzeln im Porträt

Chicorée

Chicorée *(Cichorium intybus* var. *foliosum)* ist kein Salatkopf, sondern ein Wurzelspross. Im Herbst werden die Blätter der oberirdischen Pflanze entfernt und die Wurzelstöcke in Erdmieten eingebettet. Die Saison für diesen Chicorée beginnt ab November, da hat er den intensivsten Geschmack. Günstige Großhandelsware hingegen gibt es ab September; sie entsteht als Wasserkultur unter absolutem Lichtausschluss. Die heutigen Sorten sind arm an Bitterstoffen, der Wurzelkegel muss nicht mehr entfernt werden. Schon geringe Lichtmengen genügen, damit die jungen Blättchen vergrünen – je grüner, desto bitterer schmeckt der Chicorée. Wie alle frisch keimenden Sprossen möchten sich die jungen Blättchen vor vermeintlichen Fraßfeinden schützen und bilden den bitteren Abwehrstoff Intybin. Dieser ist anregend für den Gallenfluss und den während der Winterzeit eher trägen Darm. Die fette Weihnachtsgans und so manches Plätzchen wird mit dem saisonal passenderen Chicoréesalat viel besser verdaut als mit Kopfsalat.

Geschmacksnoten:

Bitterstoffe verlangen nach Fett und Speichelfluss. Spielen Sie ruhig mit dem Geschmack „fettig" – das können Sahne mit Orangensaft, Nüsse oder Nussöl, aber auch ausgelassener Speck oder Schwarzwurst sein. Salz und Säure säubern den Gaumen und können aus eingelegten Sardellen, Kapern oder salzreichen Käsesorten stammen. Wie wäre es mit einem Dressing aus Sardellen und Zitronenzesten oder kräftigem Edelpilzkäse und Walnüssen, zusammen mit kaltgepresstem Öl? So abgedämpft hat das fruchtige Aroma von Apfel, Birne oder Mandarine eine Chance, was durch Apfel- oder Himbeeressig noch verstärkt wird. Zu überbackenem Chicorée bietet die rauchige Note von geräuchertem Speck ein Gegengewicht – ein paar Tropfen Sherry oder Rum im Dressing helfen, den Gaumen für die Fruchtaromen frei zu machen.

Ingwer

 Lange vor der Entdeckung Amerikas und dem Bekanntwerden von Chili war der aus Asien kommende Ingwer *(Zingiber officinale)* als scharfes Gewürz und Heilmittel bekannt. Im deutschen Sprachraum wird er seit dem 9. Jahrhundert erwähnt. Sein Ursprung sind wohl die pazifischen Inseln. Neben Zinigberen und Gingerol sind noch eine ganze Reihe an Inhaltsstoffen enthalten, die anticanzerogen und antientzündlich wirken. Häufig wird Ingwer mit anderen Scharfmachern kombiniert, z.B. Chili, Senf oder Meerrettich, aber auch Zitrone. Getrocknetes Ingwerpulver kann frischen Ingwer nicht ersetzen. Gewürze insbesondere aus Wurzeln sind gute Kaliumquellen – das regt den Darm an. Aus einem Stück Ingwer aus dem Supermarkt kann zu Hause eine schöne, lila blühende Ingwerpflanze gezogen werden.

Kartoffel

Unsere üblichen Speisekartoffeln *(Solanum tuberosum)* enthalten weniger sekundäre Pflanzenstoffe als Obst und Gemüse. Farbreiche Kartoffeln enthalten Anthocyane, darüber hinaus wirken farblose phenolische Verbindungen wie Gallussäure und Chlorogensäure im Konzert der Radikalfänger mit. Eine Portion Kartoffeln deckt ein Viertel des Tagesbedarfs eines Erwachsenen an Vitamin C. Nicht umsonst wird die Kartoffel daher die „Zitrone des Nordens" genannt. Der Ballaststoffgehalt der Kartoffeln und kartoffelähnlichen Knollen ist stark sortenabhängig und variiert zwischen 2,4 und 12,5 g pro 100 g. Außerdem liefern Kartoffeln viel Kalium. Bereits drei Kartoffeln decken ein Drittel des täglichen Bedarfs, zusammen mit Kräuterquark ist bereits die Hälfte erreicht.

Die Kartoffelsorten unterscheiden sich äußerlich  nicht nur durch die Farbe, die Schale zeigt auch, wie hoch der Stärkeanteil im Verhältnis zu Wasser ist. Glattschalige Sorten wie Nicola oder Selma werden als festkochend bezeichnet und sind ideal für Kartoffelsalat. Auch die rotschalige Rosemarie/Rosalinde gehört zu den Salatkartoffeln mit besonders cremigem, leicht speckigem Geschmack.

Eine mittlere Position nehmen die sogenannten vorwiegend festkochenden Sorten wie Christa, Solara, Quarta, aber auch die Blaue Anneliese ein, deren Farbe auch nach dem Kochen erhalten bleibt. Die Königin der französischen Kartoffeln, die Bonnotte mit kleinen eingezogenen Augen, oder die kleinen Tannenzäpfchen bestechen mit cremigfeinem, auf der Zunge zergehendem Geschmack. Grob schuppige, oft noch mit Erde behaftete, spät reifende Kartoffeln sind mehliger und daher für die Herstellung von Gnocchi, Knödel oder Püree unentbehrlich. Mehlige Sorten wie Aula, Karlena, Likaria findet man leider immer seltener. Kräftig kartoffelig und stärkereich ist die Mühlviertler, eine große runde Knolle, mit der Kartoffelknödel oder Gnocchi problemlos gelingen.

Beim Einkauf achten Sie darauf, dass die Kartoffeln keine dunklen Stellen aufweisen. Schon kleinste Stellen zeigen, dass die Knollen entweder bereits auf dem Acker nicht richtig versorgt worden sind oder schlecht gelagert wurden.

Kohlrabi

 Schon 100 g dieser würzigen, zart süßen Knolle decken 60 % des Vitamin-C-Bedarfs. Unter allen Wurzelgemüsearten ist Kohlrabi *(Brassica oleracea* var. *gongylodes)* der bedeutsamste Lieferant für Vitamin C und Magnesium; auch Kalium und Calcium können damit kalorienarm „eingefahren" werden. Zusammen mit süßen Möhren, lila Kartoffeln (z.B. „Blaue Anneliese") und etwas Muskat wird daraus ein leckeres eigenständiges Gericht. Junge Blätter können fein geschnitten mitverwendet oder für vegetarische Rouladen verwendet werden.

Geschmacksnoten:
Saftig, fein süß, knackig – das sind Charaktereigenschaften von Kohlrabi. Er ist ein Vermittler, bringt Harmonie zwischen stärkereichen Komponenten wie Kartoffeln oder Schwarzwurzeln und dominanten Gesellen wie Fenchel oder Karotten. Zu kräftigem Fleisch bildet er eine zurückhaltende, jedoch eigenständige Begleitung.

Kohlrübe

Kohlrüben *(Brassica napus* var. *napobrassica)* sind leicht orangefarben; damit zeigt sich bereits der hohe Carotingehalt. Am besten aufgenommen wird das Carotin aus gekochtem Gemüse. Roh gegessen sind Kohlrüben gute Vitamin-C-Lieferanten. Zudem zeigen die für den scharfen Geschmack typischen und vor Krebs schützenden Glucosinolate ihre größte Wirkung, wenn sie unerhitzt verzehrt werden.

Die Größe von Kohlrüben reicht von faustgroß bis Fußballgröße bei einige Unterarten, die größeren Exemplare sind jedoch leicht hölzern. Da die Kohlrüben ab Ende März alle zwei bis drei Wochen ausgesät werden und zudem winterfest sind, werden sie über einen langen Zeitraum, von September bis November und bis weit ins Frühjahr hinein, erntefrisch angeboten. Beim Einkauf sollten Sie auf eine glatte, glänzende Schale achten, die frei von Rissen und weichen Flecken ist. Zum Lagern immer die Blätter entfernen, damit die Kohlrüben nicht austrocknen. Eingelagert werden können sie in einer Miete oder in einer Kiste mit Sand, frostfrei bei etwa 0–2 °C. So halten sie sich etwa vier Wochen bis maximal sechs Monate ohne größere Vitaminverluste frisch.

Geschmacksnoten:
Milde Schärfe und bei jungen Knollen eine süße Spritzigkeit bilden mit Muskat eine ideale Kombination; Sternanis adelt das Gemüse, das dabei mit etwas Butter gekrönt oder mit Sahne zu einer feinen Kohlrübencreme aufgeschlagen werden kann. Für fettreichere Fleischteile wie Lamm oder Rinderbrust sind Kohlrüben ein würziger Partner.

Löwenzahn

Die Intensität der Inhaltsstoffe von Löwenzahn *(Taraxacum officinale)* ist an der Blattform zu erkennen: Je gezahnter das Blatt ist, desto höher ist auch der Gehalt an Terpenen, die zur Reparatur von Krebsvorstufen beitragen. Bei entzündlichen Erkrankungen der Harnwege, aber auch Rheumatismus oder Nierensteinen sorgt Löwenzahnsalat für eine gute Durchspülung. Löwenzahnwurzel hingegen wird zur Wiederherstellung der Leber- und Gallenfunktion, Verdauung oder des Appetits angeraten; auch Diabetiker profitieren davon. Der hohe Inulingehalt der Wurzel stärkt die Darmflora und die Abwehrkräfte. Wenn man Löwenzahn im Frühjahr mit Erde abdeckt, bilden sich längere helle Triebe, die dann zu Salat verarbeitet gut schmecken.

Meerrettich

Meerrettich *(Armoracia rustica-na)* wächst mit großen lanzett-förmigen Blättern bevorzugt an sandigen Stellen. Seine Wurzeln, ca. 30 cm lang und 3–4 cm dick, können wild von Juli bis Oktober gesammelt werden. Bei Lagerung im Kühlschrank, in ein feuchtes Tuch gewickelt, oder mit Erde bedeckt in einer Kiste bleiben sie mona-telang frisch. Verschrumpelter Meerrettich kann in Wasser eingeweicht und regeneriert werden; er treibt sogar wieder aus. Frisch geriebener Meer-rettich muss mit Zitrone versetzt und in einem Schraubdeckelglas gut verschlossen werden, da sich die ätherischen Senföle schnell verflüchtigen. Die scharfen Isothiocyanate docken an unseren inneren Kälterezeptoren an; dadurch beginnt der Körper zu heizen. Meerrettich und Senf sind also nicht umsonst Wintergewürze, sie heizen uns kräf-tig ein und können so Erkältungen vorbeugen. Die heilkräftigen schwefelscharfen Glucosinolate sind hitzeempfindlich, daher sollte Meerrettich nicht mitgekocht werden.

Geschmacksnoten:

Die ätherischen Senföle ergreifen sofort unsere Nase. Mutig entgegenstemmen kann sich da nur ein ebenfalls kräftiger Geschmack, z.B. Geräuchertes, Roastbeef, Wirsing, Rote Bete oder Tintenfisch. Zügeln lässt sich der angriffslustige Meerrettich durch Sahne, Mayonnaise, Speck oder Avocado. Zart dosiert bringt er Leben in jeden Eintopf und dämpft die Muffigkeit von älteren Kartoffeln oder Roten Beten.

Möhre

Möhren *(Daucus carota* ssp. *sativus)* sind ein idealer Pro-Vitamin-A-Lieferant – bereits eine Rübe von ca. 100 g deckt den Bedarf von zwei Tagen. Möhren und Karotten, die auch als Mohrrüben oder Gelbe Rüben bezeichnet werden, sind botanisch gesehen nicht dasselbe; das kann für Allergiker wichtig sein. Optisch können die längeren und kegelförmigen Möhren von den Karotten unterschieden werden, die kurz und gedrungen sind. Geschmacklich wird der Unterschied deutlicher von der Erntezeit als von der Sorte beeinflusst, daher gilt: Früh geerntete Rübchen sind süßer. Ab Mai kommen die ersten europäischen Ernten aus dem Freilandanbau auf den Markt. Da Möhren laufend nachgesät werden können, ist die Frischernte bis Oktober, in ge-schützter Lage sogar bis Dezember möglich. Je intensiver die Farbe, desto höher der Carotin-gehalt. Neu auf dem Markt ist die dunkelviolette sog. Urmöhre oder Schwarzkarotte (Purple Haze) mit einem besonders hohen Gehalt an Anthocya-nen. Carotin und Anthocyane sind hitzebeständig und aus pürierten Wurzeln besonders gut verfüg-bar. Der hohe Gehalt an löslichen, langkettigen Speicherstoffen macht Möhren sehr verträglich und zudem zu einem guten Bindemittel für Saucen wie auch für Kuchen. Frieren Sie Karottenpüree porti-onsweise im Eiswürfelpack ein; damit kann man schnell eine Soße glatt und vollmundig machen.

Biomöhren sowie im Herbst geerntete Möhren haben eine festere Struktur; sie sind daher für die Einlagerung in Sand besser geeignet und können bis zum Februar wie frisch „geerntet" werden, denn das Carotin ist wenig lagerempfindlich.

Geschmacksnoten:

Waldig und mit feiner Holznote harmoniert die Möhre gut mit ihren Doldenblütler-Verwandten wie Petersilie, Koriander oder Anis. Nüsse und Honig unterstreichen die süßliche Grundnote, Kardamom, Zimt, Nelke, Piment und Kreuzkümmel betonen die Holznote. Die je nach Sorte unterschiedliche Süße kann mit fruchtiger Säure von Apfel oder Orange oder auch einer Kressesauce ausgeglichen werden.

Pastinake

Pastinaken *(Pastinaca sativa)* sind leider fast in Vergessenheit geraten. Dabei eignen sie sich nicht nur für die Suppe oder den Eintopf, sondern auch zur Herstellung von Pastinakenwein. Wie auch ihre Verwandten, die Möhren, können Pastinaken im Monatsrhythmus ausgesät und daher von Oktober bis November laufend frisch angeboten werden. Als Lagerware gut eingepackt gibt es sie bis in den April hinein in guter Qualität. Da die glykosidischen Speicherstoffe erst mit dem ersten Frost in Einzelzucker gespalten werden, schmecken Pastinaken nach den ersten Frostnächten süßer. Frische Pastinaken erkennen Sie an der straffen Haut, überlagerte Wurzeln zeigen deutliche Einbuchtungen. Im Kühlschrank in ein feuchtes Tuch gewickelt oder im leicht feuchten Gemüsefach halten sich Pastinaken über eine Woche.

Bei Pastinaken wird vor der Verwendung die Schale abgeraspelt. Die etwas wattige Konsistenz, die beim Schneiden deutlich wird, ist typisch und kein Alterungszeichen; die Rüben haben im Vergleich zu Möhren einen etwas geringen Wassergehalt sowie geringfügig mehr Ballaststoffe, was sie andererseits prädestiniert für die Herstellung von Gemüsechips. Das Kraut lässt sich wie Petersilie zum Würzen verwenden.

Geschmacksnoten:
Anklänge an Petersilie und zugleich süßwürzig, leicht erdig – eine Kombination mit Petersilie, Dill und Muskat hebt den Geschmack von Pastinaken. Für den rohen Genuss fehlt dem Erdkind das erfrischende Vitamin C, doch eine Kombination mit Zitrone, Apfel oder Kresse lässt sie aufleben. Ihre Würzigkeit kann mit Meeresfrüchten, Heilbutt, Huhn und Erbsen ebenso gut kombiniert werden wie mit Aprikosen oder Bananen. Das natürliche Glutamat in Pastinaken verstärkt den Geschmack anderer Aromen.

Radieschen

 Radieschen *(Raphanus sativus* var. *sativus)* sind eine vorzügliche Vitamin-C-Quelle. Es gibt sie in unterschiedlichen Formen sowie in den Farben Weiß, Rosa, Rot und sogar Violett. Neben den üblichen leuchtend roten, runden Knöllchen gehören auch die schlanken, weißen Eiszapfen zu den Radieschenarten. Berühmte Radieschensorten kommen aus Österreich: Tinto (schön rot und knackig), Enza, Diego-Nickerson (butterweich) und der Riese von Aspern, einer Gegend um Wien, der natürlicherweise einen Durchmesser von bis zu 6 cm erreicht. Das weiße Fleisch ist butterzart und nicht holzig oder löchrig.

Achten Sie beim Einkauf auf junge, straffe Blätter, denn diese sind fein gehackt eine vorzügliche Würze von Suppen und Saucen. Der scharfe Geschmack von Knollen und Blättchen wird durch ätherische Senföle bestimmt. Im Freiland gewachsene Radieschen sind fester, länger lagerbar und schärfer als Treibhausware. Sollen Radieschen eine Woche im Kühlschrank überstehen, so müssen sofort die Blättchen entfernt werden, die man separat aufbewahren kann. Die Radieschen halten sich am besten in ein feuchtes Tuch eingeschlagen oder in einem Gefäß mit Deckel.

Geschmacksnoten:
Knackig, frisch und zart säuerlich sind die Radieschen, die gerne etwas Rosé oder junge Zuckerschoten um sich haben.

Rettich

Ähnlich wie bei den Radieschen sind Rettiche *(Raphanus sativus* var. *niger)* in allen Formen und Farben von Weiß über Rot bis Braun und Schwarz zu haben. Diese Farbenvielfalt wird industriell genutzt, indem Rettich für die Herstellung von natürlichen Farbstoffen verwendet wird. Die Form des Rettichs kann zapfenartig sein oder kugelrund wie beim schwarzen Rettich. Der Gehalt an heilkräftigen Senfölen, die antibiotische Eigenschaften haben, ist bei geringer Düngung oder magerem Boden höher; der Rettich schmeckt dann schärfer. Rettiche haben von Mai bis November Saison. Die roten Rettiche sind gesundheitlich wertvoller als die weißen, denn sie enthalten noch reichlich Anthocyane. Frische Rettiche sind straff, lassen sich nicht biegen und zeigen nur angetrocknete Haarwurzeln; überlagerte Rettiche zeigen entweder bräunliche Verletzungen oder weisen lange, weisen Haarwurzeln auf.

Für die Lagerung wird das Laub entfernt und der Rettich in ein feuchtes Tuch gewickelt. So kann er maximal eine Woche im Kühlschrank aufbewahrt werden.

Geschmacksnoten:
Zur Schärfe des Rettichs bildet Räucherfisch einen Widerpart, aber auch Schinken, Senf und Limette passen gut dazu. Schwarzer Rettich ist würzigscharf, jedoch mit einem Hauch von Muskat. Gut zu kombinieren mit Chili, Ingwer und Petersilie. Die kompakte Struktur verlangt nach Salz und/oder Zucker, so wird er weich und anschmiegsam.

Rote Bete

Der durchdringend rot färbende Saft mit dem Wirkstoff Betanin gab der Roten Bete *(Beta vulgaris* ssp. *vulgaris* var. *conditiva)* ihren Namen. Betanin ermöglicht es der Pflanze unter anderem, giftige Stoffe in einer nicht giftigen Form zu speichern.

Rote Bete ist ein Sommergemüse. Hauptsaison ist von Juni bis Oktober, dann verschwindet zumindest die heimische Ware. Was dann noch angeboten wird, ist meist Lagerware ohne Grün. Heute werden neben den roten auch gelbe und sogar weiße Beten angeboten, die aber weniger von den gesunden sekundären Pflanzenstoffen enthalten.

Im Kühlschrank können Rote Beten zwar lange überdauern, Verluste an Vitamin C jedoch nicht aufgehalten werden. Es ist daher ratsam, sie innerhalb von zwei Wochen zu verbrauchen.

Für die Zubereitung gibt es verschiedene Möglichkeiten: Man kann sie in Alufolie gewickelt im Backofen garen oder im Ganzen in Wasser. Dann sollte man den Krautschopf nicht abschneiden, sondern nur abdrehen, da sie sonst ausbluten. Wer nicht so viel Zeit hat, kann gewaschene Rote Bete in Scheiben schneiden und wie Bratkartoffeln zubereiten. Das glykosidische Betanin karamellisiert dabei leicht, was sich noch mit einer Prise Zimt-Zucker und etwas Kardamom verstärken lässt. Die Blätter können in Spinat gemischt oder mit Reis oder Resten gefüllt und gedünstet werden.

Da Rote Bete auch einen relativ hohen Oxalsäuregehalt aufweist, sollte sie immer zusammen mit calciumreichen Lebensmitteln verzehrt werden. Mit Calcium bildet die Oxalsäure dann außerhalb des Körpers einen ungefährlichen Komplex und kann vom Darm nicht mehr aufgenommen werden.

Geschmacksnoten:
Angenehm süßlich, zudem leicht erdig, mitunter etwas bitter. Das verlangt nach Säure und Duftstoffen, z.B. süßsäuerlichen Äpfeln wie Elstar oder Birne (z.B. Gute Graue) mit Zitrone. Meerrettich und Kokosflocken nehmen der Roten Bete die Schwere.

Rübe

Was wäre unsere Küche ohne die feinen, unscheinbaren Speiserüben *(Brassica rapa* var. *rapa)*? Die zarten kleinen Mairübchen (Weiße Rüben) eignen sich gut für Gemüseschnitzereien, für den Spiralschneider oder ganz klassisch als Rohkostsalate, die feinen, süßlichen Teltower Rübchen besonders für Beilagen, die größeren und robusteren, herber schmeckenden Herbstrüben (Steck-, Stoppel-, Wasserrüben) für Eintopfgerichte.

Mairüben werden überwiegend im Bund ab April/Mai angeboten, sind kugelrund und außen ganz glatt. Die anderen Rübchensorten, zB. die Teltower Rübchen, werden von Juni bis November/Dezember aus mehrmaliger Ernte frisch angeboten. Achten Sie beim Einkauf darauf, dass das Blattgrün nicht welk ist. In ein feuchtes Tuch gewickelt, können Rüben im Kühlschrank ca. acht Tage aufbewahrt werden. Im Herbst geerntete Rüben sind stets etwas länger haltbar.

Geschmacksnoten:
Zart, buttrig (sogar noch buttriger als die Butterrübchen), weiß und dezent sind die Mairübchen. Eigentlich brauchen sie nichts außer sich selbst. Sie harmonieren jedoch auch gut mit Erdbeeren, getrockneten Sultaninen oder einem feinen Honig-Senf-Dressing. Teltower Rübchen passen zu kräftigem Fleisch. Herbstrüben können zusammen mit Kohlrabi und Karotten gereicht werden.

Schwarzwurzel

Obwohl die Schwarzwurzel *(Scorzonera hispanica)* früher auch der „Spargel des kleinen Mannes" genannt wurde, hat ihr Geschmack mit Spargel wenig zu tun, denn sie schmeckt würziger und leicht nussig. Schwarzwurzel ist nicht nur gekocht verwendbar, sondern sehr vielseitig: Kleine Mengen können zum Beispiel blanchiert in Salat geraspelt werden. Aus vorgekochten Wurzeln lassen sich rasch Suppen, Eintöpfe, Gratins und Aufläufe zubereiten. Besonders trickreich ist die Verwendung von geraspelter Schwarzwurzel oder Schwarzwurzelresten beim Backen. Die langkettigen Stärkeverbindungen machen den Teig besonders knusprig.

Beim Einkauf achten Sie darauf, dass die Wurzeln an den Spitzen keine Schimmelflecken aufweisen. Die Stangen sollten noch fest sein und nicht in viele Kleinteile zerbrochen. Im Gemüsefach des Kühlschranks können Schwarzwurzeln ähnlich wie Möhren ein bis zwei Wochen gelagert werden. In einer Sandmiete an einem kühlen Ort sind sie über Monate lagerfähig.

Schwarzwurzeln können vor oder nach dem Kochen geschält werden. Beim Schälen im rohen Zustand ist der Abfallanteil mit bis zu 40 % recht hoch. Gut ist daher das Dämpfen im Schnellkochtopf für ca. 2 bis 3 Minuten; danach lässt sich die braune Schale wie ein Gummihandschuh abziehen.

Schwarzwurzeln haben einen ähnlich hohen Ballaststoffgehalt wie Möhren oder Pastinaken, der jedoch überwiegend aus dem prebiotisch wirksamen Inulin besteht. Daneben bietet die Schwarzwurzel noch reichlich Vitamin E, Eisen und Kupfer, welche als „Zutat" für die Blutbildung Gutes tun.

Geschmacksnoten:
Nussig, ein Hauch von Champignon, stärkereich, jedoch nicht mehlig, spargelig, jedoch mit mehr Biss – Koriandergrün und Koriandersamen betonen diese feinen Noten. Eine buttrige Hollandaise oder Blutorangensaft und Krustentiere sind Partner, die der Schwarzwurzel gerecht werden.

Sellerie, Knollensellerie

Knollensellerie ist seit dem Mittelalter bekannt. Sein würziger Geschmack wird durch die ätherischen Öle sowie die organischen Natriumverbindungen hervorgerufen. Er kann daher gut als Salzersatz verwendet werden, denn blutdruckerhöhend wirkt nur das Natriumchlorid – unser Kochsalz. Der hohe Ballaststoffgehalt macht aus Sellerie ein ideales mineralstoffreiches Bindemittel.

Besondere Würzkraft haben die Knollen, die erst ab September eine ausreichende Größe haben. Sellerie kann von einem Pilz befallen sein, der an rötlichen Stellen erkennbar ist. Auch nach dem Ausschneiden frisst sich dieser Pilz weiter durch die Knolle. Vor dem Kauf sollte man daher die Knollen auf diesen Schädling untersuchen. Damit roher oder schwach blanchierter Sellerie weiß bleibt, muss er sofort nach dem Schälen und Zerkleinern mit Zitronensaft beträufelt werden. Sehr sättigend und selbst von Fleischliebhabern als überraschend gut empfunden werden panierte Sellerischeiben.

Geschmacksnoten:
Salzig, maggiähnlich, ein wenig nach Pilzen schmeckend mit einem Hauch von Moschus. Die Würzigkeit kann gut allein stehen und benötigt nicht einmal Sahne – etwas geröstetes Mehl und Milch ergeben volle Sahnigkeit. Der zarte Bitterton gleicht die leimige Süße von Knochenbrühen aus und rundet Saucen vorzüglich ab.

Topinambur

Obwohl auch Erdartischocke oder Ewigkeitskartoffel, im süddeutschen Raum sogar Schnapskartoffel genannt, ist Topinambur weder mit der Kartoffel noch mit der Artischocke verwandt, sondern ein Korbblütler. Im Gegensatz zur Kartoffel enthält Topinambur keine Stärke, sondern Inulin, eine Vielfachfructose. Dies ist besonders für Typ-I-Diabetiker wichtig, da Fructose ohne Insulin aufgenommen werden kann. Inulin gilt als Prebiotica, d.h. fördert das Wachstum einer gesunden Darmflora, z.B. von Bifidumbakterien.

Topinambur kann sich außerdem rühmen, ein ideales „Brain-Food" zu sein: eine Portion (150 g) liefert reichlich Eisen für Blutbildung und Abwehrkräfte – 37 % des Tagesbedarfs kann damit gedeckt werden. Unter den Wurzeln gehören Kartoffeln und Topinambur zu den besten Kaliumlieferanten.

Geschmacksnoten:
Topinambur ist nussig-süß, mehlig und hat einen geringen Wassergehalt. Das ist ideal zur Herstellung von Chips, ganz ohne Fett im Backofen.

Wurzelpetersilie

Ein Potpourri aus ätherische Ölen der Wurzelpeter-
sillie *(Petroselinum crispum* ssp. *tuberosum)* bringt
Würze und eine seit Langem bekannte Heilkraft.
Die Wurzelpetersilie ähnelt der Blattpetersilie,
hat aber doch süßliche Anteile, deren Balance mit
einem leichten Bitterton die Wurzel zur idealen
Würzzutat macht. Bedeutsam ist der hohe Vitamin-
C-Gehalt der Wurzeln, die, roh geraspelt zugefügt,
Suppe oder Salat aufwerten. Das Kraut gibt man-
chem schlichten Eintopf einen würzigen Pepp, sollte aber erst kurz vor Ende der Garzeit fein gewiegt
zugegeben werden, damit Folsäure und Vitamin C
erhalten bleiben. Das Trocknen der Blätter ist nicht
ratsam, da sie ihren Geschmack verlieren.

In milden Jahren kann Wurzelpetersilie fast das
ganze Jahr hindurch frisch angeboten werden, da
sie ausgesprochen winterhart ist. Zur Einlagerung
gilt, wie bei allen Wurzeln, dass sie nur kurz gewaschen und leicht abgetrocknet werden sollte – nicht
gebürstet, nicht geputzt. So ist sie im kühlen Keller
oder auf dem Balkon in Sand eingeschlagen bis
zu sechs Monate lagerfähig. Wurzelpetersilie lässt
sich auch einfrieren, dazu kann man sie gegebenenfalls vorher reiben.

Geschmacksnoten:
Der zarte Limonenton wird durch Limettenschale
oder Kaffirlimettenblätter belebt. Zusammen mit
Minze für Kalb oder Ochsenschwanz, mit gebra-
tenem Apfel und Essig zu Rosmarinschinken, aber
auch zu Seeteufel oder geräuchertem Tofu immer
ein passende Begleiterin.

Zwiebeln

Zwiebeln enthalten typische Inhaltsstoffe, beispielsweise den geschmacksgebenden Zucker
Rhamnose, der den verstärkten Geruch nach
Zwiebelverzehr dominiert. Die meisten Menschen
müssen beim Schneiden der Zwiebel „weinen",
weil das im Plasma der Zwiebelzellen befindliche
Enzym Alliinase die Aminosäure Isoalliin als
schwefelhaltiges flüchtiges Oxid abspaltet, welches
die Schleimhäute reizen kann.

Zwiebeln sind für viele Säugetiere giftig oder
zumindest sehr unbekömmlich. Ausnahmen
bilden nur spezielle Züchtungen – unsere heutigen
verschiedenartigen Speisezwiebeln –, die für den
Menschen ungiftig sind, nicht jedoch für andere
Säugetiere.

Geschmacksnoten:
Scharfe Sulfide steigen in die Nase und Augen,
doch süß wie Zucker wird beim Dünsten die
Rhamnose. Röstaromen, eine hormonische Ver-
bindung aus Zuckerstoffen und Eiweiß, lassen
Verdauungssäfte fließen. Dunkle Schokolade in
Zwiebelsauce ergänzt mit kräftigem Räucherschinken, darüber etwas Limettenschale – Zwiebeln
verbinden einfach alles.

Vorspeisen

Möhrenmousse auf Brunnenkressespiegel

200 g Möhren, klein gewürfelt
1 Schalotte, klein gewürfelt
1 EL Butter
100 ml Gemüsebrühe
Salz, Pfeffer
1 daumengroßes Stück Ingwer,
  gehackt
1 Msp Chili
1 Msp Safran
  (alternativ: Ras-al-Hanout
  und Zimt)
5 Blatt Gelatine
100 g Sahne

Zum Servieren
120 g Brunnenkresse
1 Schalotte, klein geschnitten
1 EL Butter
5 EL weißer Noilly Prat
50 g Sahne
1 EL Dijonsenf
Salz, Pfeffer

1 • Die Möhren und die Schalotte in einer Stielkasserole in der Butter andünsten. Mit der Gemüsebrühe ablöschen und in 10 Minuten weich dünsten. Anschließend im Mixer oder mit dem Pürierstab pürieren und kräftig mit Salz, Pfeffer, Ingwer, Chili und Safran abschmecken (die Sahne mildert nachher die Würze).
2 • Die Gelatine in kaltem Wasser 5 Minuten quellen lassen.
Die Sahne schlagen.
3 • Die Gelatine in der noch warmen Möhrenmischung auflösen und gut unterheben. Handwarm abkühlen lassen und die Sahne zügig mit dem Schneebesen untermischen. In eine Schüssel umfüllen und im Kühlschrank gelieren lassen.
4 • Die Brunnenkresse zupfen und waschen, ein Viertel der Blätter zur Seite legen.
5 • Die Schalotte in der Butter andünsten, mit Noilly Prat und Sahne ablöschen, etwas einkochen lassen. Im Mixer mit der Brunnenkresse fein pürieren, mit Senf, Salz und Pfeffer abschmecken.
6 • Auf einem Teller einen Brunnenkressespiegel aufziehen, von der gestockten Mousse mit einem warmen Löffel Nocken abstechen, darauf anrichten und mit den restlichen Brunnenkresseblättern verzieren.

Variationen:
Die Mousse kann aus jeder anderen Wurzelgemüsesorte hergestellt werden, auch beim Würzen können Sie variieren oder beim Servieren noch mit Limette oder Zitrone abschmecken. Die relativ süßen Wurzelgemüse vertragen den Säureausgleich gut. Die Brunnenkressesauce kann auch gut mit Meerrettich ergänzt werden. Dekoriert werden kann auch mit Forellenkaviar. Gewagt, aber nicht uninteressant wäre die Mousse in einer süßen Version mit Vanille- oder je nach Jahreszeit auch Himbeersauce.

Pastinaken- und Rote-Bete-Chips

300 g Pastinaken
300 g Rote Bete
700 ml Sonnenblumen- oder
  Erdnussöl zum Frittieren
Mittelgrobes Meersalz

1 • Pastinaken und Rote Bete putzen, waschen und gut abtrocknen.
In feine Scheiben hobeln.
2 • Das Öl auf gut 170 °C erhitzen (an einem ins heiße Öl gehaltenen
Holzlöffel bilden sich kleine Bläschen) und zuerst die Pastinakenchips,
dann die Rote-Bete-Chips in kleinen Portionen frittieren. Auf Küchenkrepp abtropfen lassen und mit Salz bestreuen.
3 • Möglichst frisch servieren oder als Beilage reichen.

Variationen:
Die Chips können Sie mit allen Wurzelgemüsesorten herstellen – eine
echte Alternative zu Kartoffelchips. Aber auch mit unterschiedlich
farbigen Kartoffelsorten können Sie experimentieren. Oder frittieren
Sie einfach mal die „Beilagenpetersilie".

Gemüse-Carpacchio

2 mittelgroße Rote Beten
4 Karotten, in feinen Scheiben
4 Stangen Staudensellerie,
  in feinen Scheiben
4 Petersilienwurzeln,
  in feinen Scheiben
Einige Stängel frisches Basilikum
Fleur de Sel
Saft von 1 Zitrone
Walnuss- oder Kürbiskernöl

1 • Rote Bete waschen, ungefähr 50 Minuten in Salzwasser garen, abschrecken und unter leicht fließendem Wasser Schale abpellen. Die Rote
Bete mit einem Gemüsehobel in feine Scheiben schneiden.
2 • Karotten, Staudensellerie und Petersilienwurzeln gut 1 Minute blanchieren, unter kaltem Wasser abschrecken und mit Küchenkrepp trocken
tupfen.
3 • Basilikum waschen, abtrocknen und die meisten Blätter mit Fleur de
Sel in einem Mörser zerkleinern.
4 • Die Wurzelscheiben auf großen Tellern anrichten. Mit Zitronensaft
und Öl beträufeln. Mit dem Basilikumsalz bestreuen und jeweils mit
einigen Blättern verzieren.

Variationen:
Der Staudensellerie kann auch roh bleiben. Alternativ zum Öl können Sie
auch einen leichten Öl-Sauerrahm-Zitronen-Dill-Knoblauch-Dip über das
Gemüse verteilen.

Eier-Mangold-Omelett mit Meerrettich-Möhrenfüllung

300 g Mangold
1 Schalotte, klein geschnitten
20 g Butter
4 Eier
125 g Frischkäse
50 g Meerrettich, frisch gerieben
3 Möhren, längs in Scheiben
  geschnitten
Pfeffer, Salz

1 • Den Mangold waschen, klein schneiden und blanchieren.
Die Schalotte in etwas Butter anschmelzen.
2 • Schalotte, Mangold und die Eier mischen und nach Geschmack würzen.
3 • In einer großen Pfanne in zerlassener Butter auf kleiner Flamme
ausbacken.
4 • Das Omelett auf eine mit Frischhaltefolie belegte Platte stürzen.
5 • Frischkäse und Meerrettich mischen und das Omelett damit bestreichen.
6 • Die Möhren 2 Minuten blanchieren, dann gleichmäßig auf der
Meerrettich-Frischkäsemischung verteilen und das Omelett eng zusammenrollen. In die Frischhaltefolie gewickelt kalt stellen.
7 • Vor dem Servieren aus der Folie wickeln und schräg in 2–3 cm dicke
Scheiben schneiden. Mit kleiner Salatdeko und Essig-Öl-Dressing
servieren. Auch gehackte, geröstete Walnüsse passen gut.

Variationen:
Auch fein geschnittener Räucherschinken lässt sich gut mitwickeln.
Oder mischen Sie die Frischkäse-Meerrettich-Mischung mit fein
geschnittener Räucherforelle.

Gefüllte Möhren

500 g große Möhren, geschält
1 kleine Zwiebel, gewürfelt
1 TL Öl
100 g Grünkernschrot
100 g Pilze, gehackt
125 ml Wasser
½ TL Kümmel oder Cumin
½ TL Majoran
1 Pr Muskat
Etwas Zitronenschale
½ Bund Petersilie, gehackt
1 EL Öl

Panade
1 Ei
Salz, Pfeffer
50 g Vollkornsemmelbrösel
1 EL Parmesan, frisch gerieben
20 g Butter

1 • Die Möhren in wenig Wasser ca. 10 Minuten dünsten, dann halbieren
und mit einem Gemüsemesser den inneren Wurzelkern herausheben.
2 • Die Zwiebelwürfel in Öl goldbraun dünsten, dann Grünkernschrot
und Pilze zugeben, anrösten und mit dem Wasser ablöschen. Die Gewürze zugeben, aufkochen, 5 Minuten kochen und dann ca. 15 Minuten quellen lassen. Sobald die Flüssigkeit aufgesogen ist, die Petersilie zugeben.
3 • Die halbierten Möhren locker füllen und die beiden Hälften mit
Zahnstochern schräg zusammenstecken.
4 • Das Ei mit 2 EL Wasser, Salz und Pfeffer verquirlen, die Möhren erst
darin wenden, dann in Vollkornsemmelbröseln und Parmesan.
5 • Die Möhren bei sanfter Hitze in Öl ausbraten und dabei wenden, bis
sie rundum lecker knusprig sind.

Variationen:
Statt der Pilze geräucherten Speck mit anrösten. Auch Reste können Sie
gut für die Füllung verwerten, zum Beispiel Kartoffelpüree mit Ei und
Fleischresten vermischen und mit rohem geriebenen Meerrettich würzen.
Für eine Hackfleischfüllung ersetzen Sie den Grünkernschrot durch 250 g
gemischtes Hackfleisch und 60 g geriebene Kartoffel.

Petersilien-Wurzelpetersilie-Pastete

Teig

125 g Weizenmehl (Type 550)

¼ TL Salz

25 g zerlassene Butter

75 ml Wasser

Mehl zum Bearbeiten

Fett für die Form

Füllung

400 g Wurzelpetersilie, gewürfelt

1 Karotte, gewürfelt

2 Schalotten, gewürfelt

1 Stängel Rosmarin,
   Nadeln abgezupft

20 g Butter

1 Bund glatte Petersilie,
   klein geschnitten

250 g Sahnequark

30 g Parmesan, gerieben

2 Eier, getrennt

50 g Sahne

Salz, Pfeffer

100 g fein geschnittener
   Rauchschinken

1 • Für den Teig alle Zutaten mit den Knethaken des Handrührgeräts zu einem elastischen Teig kneten. Zu einer Kugel formen und zugedeckt mindestens 30 Minuten im Kühlschrank ruhen lassen.

2 • Die Wurzelpetersilie und die Karotte in kochendem Salzwasser 3 Minuten blanchieren.

3 • Die Schalotten und den Rosmarin in der Butter kurz anschmelzen, dann die Petersilie zugeben und kurz mitdünsten.

4 • Mit Sahnequark, Parmesan, zwei Eiweiß, einem Eigelb und der Sahne mischen, mit Salz und Pfeffer würzen. Wurzelpetersilie und Karotte dazugeben und beiseite stellen. Den Backofen auf 180 °C vorheizen.

5 • Den Teig auf einer bemehlten Fläche hauchdünn ausziehen. Eine Springform (20 cm Durchmesser) fetten, damit auskleiden, überstehenden Teig abschneiden. Den Teigboden mit zwei Dritteln des Schinkens belegen.

6 • Die Füllung in die Springform füllen. Den restlichen Schinken darauflegen.

7 • Den restlichen Teig in der Größe der Form erneut ausrollen, als Deckelplatte auf die Füllung legen, mit Eigelb bestreichen und im vorgeheizten Backofen gut 40 Minuten backen.

Variationen:

Die Pastete können Sie auch wie eine Quiche mit Mürbeteig machen und mit allen Arten Gemüsefüllung backen. Sehr gut passt auch eine Mischung aus Spinat und Mangold. Besonders „erdig" wird die Pastete mit Roter Bete.

Joghurt-Petersilienbällchen

1 kg Vollmilchjoghurt natur
1 Bund glatte Petersilie,
  fein geschnitten
2 TL Meersalz
1 Knoblauchzehe
4 Stängel Zitronenthymian,
  fein geschnitten
2 EL Kürbiskerne, gehackt
20 ml Kürbiskernöl
200 ml Sonnenblumenöl
1 Bund junge Möhrchen,
  in Stücken und blanchiert
1 Stange Staudensellerie,
  in Stücken
Salatdressing nach Wahl

1 • Den Joghurt in ein sauberes Küchenhandtuch geben und an einem geschützten und kühlen Ort 5 Stunden abtropfen lassen. Danach mit dem Tuch auspressen.

2 • Ein Drittel der Petersilie mit 1 TL Salz und der Knoblauchzehe mörsern.

3 • Petersilie, Thymian, die gemörserte Mischung, 1 TL Salz und die Kürbiskerne mit der getrockneten Joghurtmasse gut vermischen.

4 • Die Masse mit leicht geölten Händen zu kleinen Kugeln mit 3 cm Durchmesser formen und in ein Glas schichten. Dieses mit Kürbiskern- und Sonnenblumenöl aufgießen, kühl stellen und einige Tage ziehen lassen.

5 • Mit frischem Brot und einem kleinen sommerlichen Salat aus den Möhrchen und Staudensellerie sowie Ihrem Lieblingsdressing eine perfekte, gut vorzubereitende, leichte Vorspeise.

Variationen:

Wenn es schnell gehen soll, können Sie diese Vorspeise auch mit kurz abgetropftem Ricotta machen. Dann fehlt aber die feine säuerliche Note des Joghurts. Wenn Sie eine unbelastete Wiese in der Nähe haben, können Sie auch einen kleinen Salat aus Gänseblümchen und jungem Löwenzahn dazu machen. Die Möhrchen können auch ganz fein gehackt zur Joghurtmasse gegeben werden.

3 Rote Beten à 100 g
150 ml Gemüsebrühe
1 Lorbeerblatt
50 g Butter + 1 EL
1 EL Balsamico bianco
Pfeffer, Salz
2 frische Bachsaiblingfilets
Etwas Mehl

Dekoration
Meerrettich, frisch gerieben
Einige Röschen Feldsalat

Rote-Bete-Nussbutter
mit Bachsaibling

1 • Die Roten Beten waschen, schälen und in kleine Würfel schneiden.
2 • In einem Topf mit der Gemüsebrühe und dem Lorbeerblatt zusammen
zugedeckt in gut 20 Minuten weich kochen. Das Lorbeerblatt entfernen.
Das Gemüse mit einem Pürierstab pürieren und durch einen Sieb passieren.
3 • Die Butter in einem Topf bei guter Hitze etwas Farbe annehmen
lassen, das Rote-Bete-Mus zugeben und den Topf vom Herd nehmen.
Mit Balsamico, frisch gemahlenem Pfeffer und Salz abschmecken.
4 • Die Bachsaiblingfilets teilen, auf der Hautseite mit etwas Mehl
bestreuen und vorsichtig in 1 EL Butter anbraten.
5 • Zum Servieren geben Sie das noch warme Rote-Bete-Mus auf angewärmte Teller, legen den gebratenen Bachsaibling dazu und dekorieren
mit Meerrettich und Feldsalat.

Variationen:
Auch kurz mit etwas frischem Knoblauch angeschwenkte Flusskrebse
oder eine kleine Scheibe auf der Haut gebratener Hecht passen gut.
Servieren Sie frisches Brot oder in Butter gebackene Weißbrotcroûtons
dazu.

Möhrenchutney

2 Schalotten, gewürfelt
1 Chilischote, gewürfelt
1 Knoblauchzehe, gewürfelt
1 daumengroßes Stück Ingwer,
  gewürfelt
2 EL Sonnenblumenöl
25 g Rohrzucker
400 g Karotten, gewürfelt
50 g getrocknete Äpfel,
  klein geschnitten
150 ml Weißweinessig
100 ml Wasser
Salz, Pfeffer

1 • Schalotten, Chilischote, Knoblauch und Ingwer in Öl leicht anbraten. Den Zucker zugeben und leicht karamellisieren lassen.
2 • Karotten und Äpfel zugeben und mit dem Weißweinessig und dem Wasser ablöschen. 25 Minuten auf kleiner Flamme köcheln lassen. Dabei hin und wieder umrühren. Mit Salz und Pfeffer würzen.
3 • Heiß in ein sauberes Glas mit Schraubverschluss füllen. So hält sich das Chutney auch ungekühlt mehrere Wochen. Nach dem Öffnen kühl lagern und innerhalb von 1 Woche verbrauchen.

Variationen:

Natürlich können Sie Chutneys auch aus anderen Wurzelgemüsen und Früchten machen. Es eignen sich Wurzelpetersilie, Sellerie, Pastinake, getrocknete Zwetschgen, Birnen, Sauerkirschen oder Aprikosen. Eine frische Note gibt neben dem Essig Zitronen-, Orangen-, oder Limettensaft.

Essigmöhren

750 g junge und eher kleine
  Möhren mit Kraut
Mehrere Stängel frische Kräuter
  (Rosmarin, Thymian, Oregano,
  Liebstöckel, Basilikum,
  Lorbeerblätter)
$^1/_8$ l Weißwein
$^1/_8$ l Weißweinessig
$^1/_8$ l Wasser
2 Knoblauchzehen,
  ganz und geschält
Salz, Pfeffer
1 EL Rohrzucker
20 ml Leinöl
20 ml Sonnenblumenöl
Frisches Basilikum

1 • Möhren entkrauten, dabei vom Kraut gut 2 cm stehen lassen, waschen und so schälen, dass der Krautrest an den Möhren verbleibt.
2 • Kräuter waschen und mit Weißwein, Essig, Wasser, Knoblauch, etwas Salz und Pfeffer sowie Zucker erhitzen. Die Möhren in den köchelnden Sud geben und zugedeckt gut 8 Minuten garen. Aus dem Sud nehmen und beiseite stellen.
3 • Den Sud durch ein Sieb abgießen und bei guter Hitze auf knapp ein Drittel reduzieren. Eventuell nachsalzen.
4 • Aus dem abgekühlten Sud mit Lein- und Sonnenblumenöl eine Marinade anrühren und über die Möhren geben.
5 • Das Basilikum grob zerkleinern, die Möhren damit bestreuen und alles mit frischem Weißbrot servieren.

Variationen:

Sie können auch mit anderen Wurzeln experimentieren. Petersilienwurzel und Pastinake kürzer, Rote Bete länger kochen und vor dem Kochen in mundgerechte Stücke schneiden.

Muscheln im Wurzelsud

2 kg Miesmuscheln

1 Petersilienwurzel

2 Stängel Stauden-
  und 100 g Wurzelsellerie

2 Karotten

3 EL Olivenöl

2 Knoblauchzehen,
  klein geschnitten

5 Lorbeerblätter

Frische oder getrocknete Kräuter
  (Thymian, Oregano, Liebstöckel)

1 Bund Glatte Petersilie

Abgeriebene Schale von
  ½ unbehandelten Zitrone
  oder Limette

Chilischoten nach Geschmack

Pfeffer, Meersalz

300 ml Weißwein

300 ml Wasser

1 • Muscheln im mit Wasser gefüllten Spülbecken waschen, bürsten und die Muschelbarten entfernen, zerbrochene und offene Muscheln aussortieren.

2 • Wurzelgemüse reinigen, schälen und in kleine Stücke schneiden.

3 • Das Olivenöl in einem großen Topf erhitzen, Gemüse, Knoblauch, Lorbeerblätter, Kräuter, Zitronenschale, Chilischoten, Pfeffer und Salz kurz im heißen Fett anbraten. Mit Weißwein und Wasser ablöschen und sprudelnd zum Kochen bringen.

4 • Die gereinigten und abgetropften Muscheln in den kochenden Sud geben und zugedeckt bei großer Hitze wieder zum Kochen bringen. Nach einigen Minuten vorsichtig umrühren und knapp 8 Minuten weiterkochen.

5 • Die Muscheln sofort servieren und mit einem Schöpflöffel Muscheln und Sud auf die Teller schöpfen. Ungeöffnete Muscheln wegwerfen. Gut dazu passt frischer gedünsteter Spinat und Brotcroûtons oder frisches Weißbrot.

Variationen:

Die italienische Variante macht man mit Venusmuscheln und frischen Tomaten und als Beilage natürlich Spaghetti. Beim Wurzelsud kein zusätzliches Wasser benutzen. Durch das Kochen geben die Muscheln Wasser ab und je kräftiger der Sud schmeckt, desto besser ist er. Man kann ihn am Ende wie eine Suppe löffeln.

Linsen-Gemüseküchlein
mit Petersilien-Sauerrahm-Dip

Küchlein

100 g altes Brot oder Brötchen,
  gerieben
50 ml Wasser
200 g Alblinsen
  oder eine andere Sorte
100 g geräucherter Bauchspeck,
  gewürfelt
1 Zwiebel, gehackt
1 Karotte, gewürfelt
1 kleine Petersilienwurzel,
  gewürfelt
50 g Sellerie, gewürfelt
1 EL Butter
100 g milder Bergkäse, gerieben
2 Eier
2 gehäufte EL saisonale
  Küchenkräuter, gehackt
Salz, Pfeffer, Pfeffersauce
  nach Geschmack
Mehl zum Binden
Butter und Butterschmalz zum
  Anbraten

Sauerrahm-Dip

3 Frühlingszwiebeln
1 EL Butter
50 ml Weißwein
2 Eier, hartgekocht und fein
  gewürfelt
300 g Sauerrahm
2 gehäufte EL saisonale
  Küchenkräuter, gehackt
1 Knoblauchzehe, fein gehackt
Salz, Pfeffer, Senf, Essig

1 • Für die Küchlein das Brot im Wasser quellen lassen. Die Linsen in ausreichend Wasser in ca. 20–25 Minuten bissfest kochen. Abgießen und handwarm abkühlen lassen.

2 • Speck, Zwiebel, Karotte, Petersilienwurzel und Sellerie in der Butter glasig anschwitzen. Das Brot gut ausdrücken. Das angeschwitzte Gemüse, Brot, Käse, Eier und gehackte Kräuter unter die Linsen mischen. Mit Salz, Pfeffer und Pfeffersauce gut würzen. Sollte die Masse noch zu flüssig sein, mit etwas Mehl binden.

3 • Mit feuchten Händen ca. 5 cm große Küchlein formen und in einer Mischung aus Butter und Butterschmalz vorsichtig und nicht zu heiß von beiden Seiten anbraten. Fertige Küchlein können im Backofen bei 80 °C warm gehalten werden.

4 • Für den Sauerrahm-Dip Frühlingszwiebeln getrennt nach weißem und grünem Teil fein hacken. Den weißen Teil der Frühlingszwiebeln in Butter glasig dünsten, mit dem Weißwein ablöschen und einkochen lassen, bis nur noch wenig Wein übrig ist.

5 • Eier, Sauerrahm, Frühlingszwiebelgrün, Kräutern und Knoblauch mischen. Nach Geschmack mit Salz, Pfeffer, Senf und Essig würzen. Dazu passen Pellkartoffeln und ein Gurkensalat mit viel frischem Dill.

Variationen:

Sie können den Speck auch weglassen oder durch geräucherten Tofu oder Forelle ersetzen. Wer es gern etwas schärfer hat, kann den Dip auch mit frischem Jalapeno-Chili anmachen. Natürlich können Sie auch andere Wurzeln in den Küchlein verarbeiten. Lassen Sie sich vom Marktangebot und der Saison inspirieren.

Gefüllte Rote Bete

4 mittelgroße Rote Beten
1 Zwiebel, gewürfelt
Etwas Butter
150 ml Gemüsebrühe
Salz, Pfeffer
Weißweinessig oder Zitronensaft
    nach Geschmack
1 Räucherforellenfilet
4 Stängel Majoran
150 g Sauerrahm
Meerrettich, frisch gerieben
Glatte Petersilie zur Dekoration

1 • Rote Beten waschen und in Salzwasser gut 45 Minuten kochen. Abschrecken, kurz abkühlen lassen. Blatt- und Wurzelansatz abschneiden und die Schale unter leicht fließendem Wasser abpellen.
2 • Einen Deckel und einen Standfuß abschneiden und die Roten Beten mit einem Kugelausstecher aushöhlen.
3 • Die dabei anfallenden Rote-Bete-Kugeln klein schneiden, mit Zwiebelwürfelchen in der Butter anbraten und dann mit 100 ml der Gemüsebrühe grob zerkleinern. Mit Salz und Pfeffer und, wer mag, mit einem kleinen Schuss Weißweinessig oder Zitronensaft abschmecken.
4 • Das Forellenfilet klein zupfen und mit den Majoranblättchen, Sauerrahm und Meerrettich nach Geschmack vermischen. Mit Salz und Pfeffer abschmecken.
5 • Die Masse in die ausgehöhlten Roten Beten füllen, die Deckel aufsetzen und mit Meerrettich und Petersilie dekorieren. Das Gericht kann gut vorbereitet werden, sollte aber rechtzeitig vor dem Servieren aus dem Kühlschrank genommen werden.

Variationen:
Die Roten Beten können Sie auch mit einer Sauce aus Lammhackfleisch, getrockneten Tomaten, Knoblauch und Herbsttrompeten füllen. Diese Variante wird dann aber warm gegessen. Auch eine vegetarische Variante mit Fetakäse und Sauerrahm funktioniert gut.

Salate & Beilagen

Brotsalat mit Wurzeln

400 g Wurzelgemüse nach
  Geschmack (z.B. Radieschen,
  Rettich, Mairübe, Stauden-
  sellerie, Sellerie, Karotte,
  Topinambur, Petersilienwurzel,
  Rote Bete), gewürfelt

2 Dinkel-Baguettestangen

2 EL Butter

Je nach Jahreszeit unterschiedliche
  Salate und Tomaten

Weißweinessig

Sonnenblumen- und Leinöl

Senf, Zucker, Salz, Pfeffer

Frische Bratwurst,
  in groben Scheiben

4 Schalotten, in feinen Scheiben

1 • Das Wurzelgemüse 2 Minuten in kochendem Wasser blanchieren.

2 • Die Baguettestangen in dünne, mundgerechte Scheiben schneiden und kurz in 1 EL Butter anbraten, bis sie etwas Farbe nehmen.

3 • Die Salate waschen und trocken schleudern.

4 • Essig, Öl (Sonnenblumenöl/Leinöl 3:1), Senf, Zucker, Salz und Pfeffer zu einer Salatsauce verrühren.

5 • Die Bratwurst in 1 EL Butter anbraten.

6 • Alle Zutaten auf großen Tellern anrichten und erst kurz vor dem Servieren mit der Salatsauce übergießen.

Variationen:

Anstelle der Bratwurst können Sie auch Speck, Räucherfisch oder -tofu oder Schafskäse nehmen. Auch lecker dazu: angebratener Ziegenkäse.

Rote-Bete-Salat mit selbst gemachtem Apfelmeerrettich

1 Handvoll Walnuss- oder
  Kürbiskerne
4 mittlere Knollen Rote Bete
2 säuerliche Äpfel (z.B. Boskoop,
  Brettacher, Bittenfelder oder
  Glockenapfel)
1 gut daumengroßes Stück
  Meerrettichwurzel
50 ml Obstessig
3 EL Sonnenblumenöl
Pfeffer, Salz
Etwas glatte Petersilie, gehackt

1 • Die Walnüsse in einem Topf ohne Zugabe von Fett rösten und beiseite stellen. Die Roten Beten waschen, schälen und mit dem Sparschäler in Streifen schneiden.
2 • Die Äpfel und die Meerrettichwurzel ebenfalls schälen, fein raspeln und sofort mit etwas Obstessig mischen, damit die Äpfel nicht braun werden.
3 • Die Roten Beten auf einem Teller anrichten. Essig, Öl, Pfeffer und Salz zu einer Marinade verrühren und das Gemüse damit übergießen.
4 • Mit dem Apfelmeerrettich, den Kernen und der gehackten Petersilie bestreuen und servieren.

Variationen:

Ein sehr gesunder Salat, den man auch mit fertigem Apfelmeerrettich anmachen kann. Nur die Roten Beten sollten frisch sein. Wer noch eine frische Note im Salat haben will, kann ihn auch mit Zitronensaft und Obstessig anmachen und mit den Nüssen die gehackte Schale einer halben Zitrone darüberstreuen. Dieser Salat funktioniert auch gut mit Sellerie. Wenn Sie die Schärfe mögen, können Sie auch Rettich nehmen.

Topinambur-Kartoffel-Salat

500 g Topinambur
400 g Salatkartoffeln
 (z.B. Bamberger Hörnchen)
200 ml Gemüsebrühe
2 EL mittelscharfer Senf
Zesten und Saft von
 ¹/₂ unbehandelten Zitrone
2 EL Obstessig
Salz, Pfeffer, Muskat
10 EL Sonnenblumenöl
Frische Gartenkräuter
 (Liebstöckel, Petersilie,
 Schnittlauch), gehackt

1 • Topinambur unter fließendem Wasser abbürsten und 10 Minuten in kochendem Salzwasser bissfest garen. Die Kartoffeln ebenfalls in Salzwasser ca. 20 Minuten knapp gar kochen. Abgießen und abdampfen lassen.
2 • Topinambur und Kartoffeln schälen, in dünne Scheiben schneiden und noch warm in eine Schüssel geben.
3 • Die Brühe aufkochen und Senf, Zitronenzesten und -saft und Obstessig zugeben. Mit Salz, Pfeffer und Muskat würzen. Noch heiß über die Scheiben geben, vorsichtig unterheben und gut 30 Minuten durchziehen lassen. Erst ganz zum Schluss das Öl und die gehackten Kräuter dazugeben und noch einmal umrühren. Sofort servieren.

Variationen:

Man kann den Salat auch mit Frühlingszwiebelröllchen anmachen oder deftig mit angebratenen Speckwürfeln oder Bratwurst. Er eignet sich gut als Beilage zu vielen Fleischgerichten. Im Frühjahr können Sie den Salat mit kurz blanchierten Spargelspitzen anstelle des Topinamburs anmachen. Auch Pastinake mit ihrer feinen Süße passt gut.

Perlgraupen-Sellerie-Salat

40 g Perlgraupen

150 ml Gemüsebrühe

½ Knolle Sellerie, in Scheiben

3 Stangen Staudensellerie,
  in Scheiben

2 EL Kürbiskerne

1 säuerlicher Apfel

Zitronensaft

Weißweinessig

100 g Sauerrahm

Lein- oder Kürbiskernöl

Salz, Pfeffer

3 Stängel glatte Petersilie,
  gehackt

1 • Die Graupen nach Kochanleitung in der Gemüsebrühe weich kochen.

2 • Sellerie und Staudensellerie kurz blanchieren. Durch ein Sieb abgießen und in kaltem Wasser abkühlen.

3 • Die Kürbiskerne in einer Pfanne ohne Zugabe von Fett rösten.

4 • Den Apfel in Streifen schneiden und in Zitronensaft und Wasser legen, damit er nicht braun wird.

5 • Die Graupen mit dem Rest der Gemüsebrühe, das Gemüse, die Kürbiskerne und den Apfel in einer Schüssel mischen.

6 • Weißweinessig, Sauerrahm, etwas Zitronensaft und Öl zu einer glatten Sauce verrühren, mit Salz und Pfeffer abschmecken und unter den Salat mischen. Die Petersilie darüber geben und alles einige Minuten ziehen lassen.

Variationen:

Die kräftige Variante dieses Salats wird mit Mayonnaise angemacht. Neben Kürbiskernen passen auch Walnüsse oder gehackte Pistazien gut. Eine besonders frische Note bekommt der Salat mit dem Saft von unreifen Trauben (Verjus). Anstelle des Staudenselleries können Sie blanchierte Schwarzwurzeln nehmen, und wenn Sie es deftig mögen, probieren Sie gestifteten schwarzen Rettich.

Sellerie-Salat mit selbst gemachter Mayonnaise

Mayonnaise

1 Eigelb
1 EL Senf
250 ml Sonnenblumenöl
1 EL Zitronensaft
Salz, Pfeffer
1 Spritzer Chilisauce

Salat

1 mittelgroße Sellerieknolle
2 säuerliche Äpfel (z.B. Boskoop)
Saft von 1 Zitrone
40 g Walnusskerne, gehackt
Pfeffer, Salz
Schnittlauch, klein geschnitten

1 • Eigelb und Senf mit dem Schneebesen verrühren und vorsichtig nach und nach das Öl zugeben. Dabei immer weiter schlagen, bis eine stabile Emulsion entstanden ist.
2 • Dann mit Zitronensaft, Salz, Pfeffer und Chilisauce abschmecken und nochmals aufschlagen.
3 • Den Sellerie und die Äpfel schälen, den Sellerie in dünne Streifen schneiden, die Äpfel würfeln. Die Äpfel zunächst in eine kleinere Schüssel geben und mit dem Zitronensaft und etwas Wasser vermengen, damit sie nicht braun werden. Die Selleriestreifen in eine Schüssel geben. Dann vorsichtig mit den abgegossenen Äpfeln mischen.
4 • Die Walnüsse unterheben. Die Mayonnaise ebenfalls unterheben und bei Bedarf mit Pfeffer und Salz nachwürzen. Den Salat mit Frischhaltefolie abdecken und mind. 1 Stunde im Kühlschrank durchziehen lassen.
5 • Mit Schnittlauch bestreut servieren.

Variationen:

Leichter wird die Mayonnaise, wenn Sie einen Teil durch Sauerrahm oder Vollmilchjoghurt ersetzen. Der Salat eignet sich gut als Vorspeise und kann mit den unterschiedlichsten Brotsorten kombiniert werden. Auch Räucherforelle, Flusskrebsschwänze oder ein guter Räucherschinken passen dazu.

Wurzelstrudel

Teig

125 g Mehl (Type 405)
1 Pr Salz
1 Ei
1 EL Öl
Etwas lauwarmes Wasser
Eigelb zum Bestreichen

Füllung

400 g verschiedene Rüben
   (z.B. Schwarzwurzeln, Karotten,
   Topinambur, Kohlrabi, Sellerie,
   Pastinake)
100 g geräucherter Speck,
   klein geschnitten
1 kleine Zwiebel, gehackt
2 EL Walnüsse, gehackt
1 EL Öl
1 Ei
150 g Käse, frisch gerieben
   (z.B. Allgäuer Bergkäse)
5 Stängel glatte Petersilie,
   gehackt
150 g Sauerrahm
Salz, Pfeffer
2 EL Butter, in Flocken

1 • In das Mehl auf der Arbeitsfläche mittig eine Vertiefung drücken und Salz, Ei, Öl sowie Wasser dazugeben und zu einem glatten Teig verkneten. Den Teig zu einer Kugel formen und abgedeckt 30 Minuten ruhen lassen.
2 • Die Rüben waschen und schälen (die Schwarzwurzeln bis zur Verarbeitung in Essigwasser einlegen) und in feine Scheiben oder Würfel schneiden. In einem Topf mit kochendem Salzwasser 5 Minuten kochen, dann abgießen.
3 • Speck, Zwiebel und Walnüsse im Öl anbraten und zum Gemüse geben.
4 • Etwas abkühlen lassen. Ei, Käse, Petersilie und Sauerrahm untermischen und kräftig mit Salz und Pfeffer würzen.
5 • Den Backofen auf 200 °C vorheizen. Den Strudelteig auf einem bemehlten, sauberen Küchenhandtuch ausrollen und vorsichtig sehr dünn ausziehen.
6 • Die Gemüsemasse auf dem Teig verteilen, großzügig Butterflocken darauf verteilen. Den Strudel mithilfe des Handtuchs zusammenrollen, auf ein Backblech legen und mit Eigelb bestreichen. 45 Minuten im vorgeheizten Backofen backen. In Portionen schneiden und auf angewärmten Tellern mit einem Feldsalat als Hauptgericht oder in Scheiben geschnitten als Beilage servieren.

Variationen:

Gut zum Strudel passt auch eine Bechamel- oder Kräutersauce. Natürlich können Sie die Füllung variieren. Geflügel passt gut, auch Räucherfisch ist interessant. Wenn Sie die einfache Würze aufpeppen wollen, würzen Sie mit frischen Kräutern. Rosmarin mit dem Speck anbraten. Aber auch Gewürzmischungen wie Ras-el-Hanout passen gut.

Pastinaken-Gratin

1 kg Pastinaken
3 Schalotten, fein gewürfelt
1 Knoblauchzehe, fein gewürfelt
1 Stängel Rosmarin, klein gehackt
30 g Butter
250 ml Weißwein
400 g Sahne
Salz
1 Msp Muskat
Fett für die Form

1 • Die Pastinaken schälen und in feine Scheiben hobeln.
2 • Schalotten, Knoblauch und Rosmarin in der Butter ganz kurz anschwenken und mit dem Weißwein ablöschen. Bei hoher Temperatur auf die Hälfte reduzieren.
3 • Den Backofengrill auf 200 °C vorheizen. Sahne und Pastinaken zu den Schalotten geben, alles mit Salz und Muskat würzen und ca. 12 Minuten köcheln lassen, bis die Pastinaken weich sind.
4 • Eine Auflaufform einfetten, die Pastinakenmasse hineingeben und im Backofen unter dem Grill einige Minuten goldbraun überbacken.

Variationen:
Das Rezept funktioniert natürlich auch mit Sellerie, Petersilienwurzel, Topinambur sowie dem Klassiker Kartoffel. Vom Verhältnis her kommen auf drei Teile Gemüse immer gut zwei Teile Wein und Sahne.

Gedünstete Rüben

500 g Rüben (z.B. Steckrübe, Möhre, Teltower Rübchen)
30 g Butter
Salz

1 • Die Rüben waschen und schälen. Nach Geschmack in feine Streifen, Würfel oder (schräge) Scheiben schneiden.
2 • Die Butter in einem Topf schmelzen und das Gemüse dazugeben. Mit Salz würzen und zugedeckt weich dünsten. Je nach Rübenart geht das schneller oder langsamer, einfach probieren.

Variationen:
Bevor Sie die Rüben zur Butter geben, schmelzen Sie fein gehackte Zwiebel an. Oder machen Sie eine einfache Mehlschwitze, schmecken Sie sie mit Sahne ab und geben dann das Gemüse dazu. Oder eher sommerlich: mit Biss dünsten und mit einer Vinaigrette als Salat servieren oder mit einem Pesto aus viel Petersilie, Knoblauch, gehackten und gerösteten Walnüssen und Walnussöl.

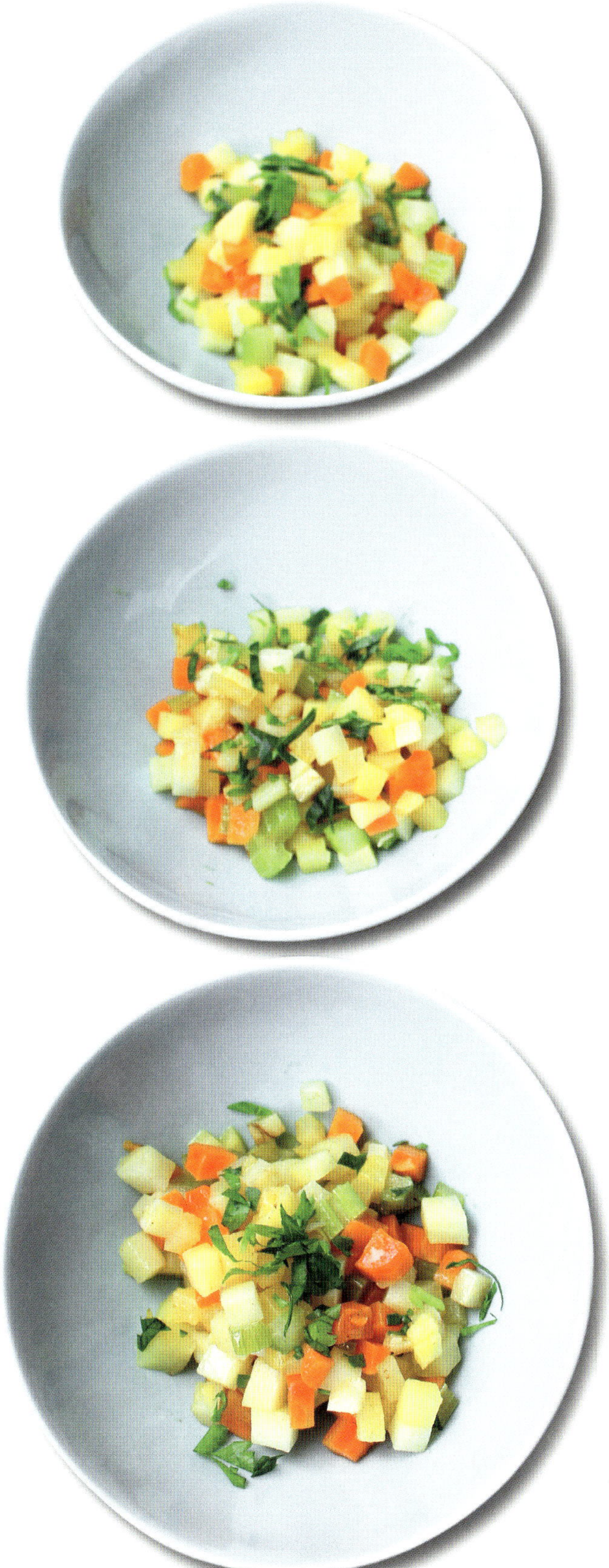

Karotten-Brot

250 g Dinkelmehl (Type 630)
1 TL Salz
1 große Möhre, grob geraspelt
125 ml lauwarmes Wasser
10 g Hefe
Grobes Salz
Kümmel

1 • Mehl und Salz in eine Teigschüssel geben und die Möhre darüberstreuen. Eine Vertiefung ins Mehl drücken und das Wasser hineingießen.
Die Hefe im Wasser auflösen. 5 Minuten stehen lassen.
2 • Mit dem Rührlöffel das Wasser ins Mehl einarbeiten, bis ein weicher,
glatter Teig entsteht.
3 • Zugedeckt an einer kühlen, zugfreien Stelle zwischen 8 und
24 Stunden gehen lassen.
4 • Den Backofen auf 230 °C vorheizen und ein Schälchen mit kochendem Wasser hineinstellen. Mit einem angefeuchteten Teigschaber und
feuchten Händen handgroße Stücke vom Teig abstechen und auf ein mit
Backpapier belegtes Blech legen. Mit Salz und Kümmel bestreuen und
im vorgeheizten Backofen ca. 25–30 Minuten backen, bis sich außen eine
hellbraune Kruste gebildet hat. Frisch schmeckt das Brot am besten, ist
aber auch am kommenden Tag noch lecker.

Variationen:

Ein anderes Mehl oder mehr oder weniger Wasser ändern die Brotbe-
schaffenheit deutlich, den wichtigsten Einfluss hat aber die Teigführung,
d.h. die Zeit, die der Teig zum Gären hat. Auch beim Wurzelgemüse
kann variiert werden, sahnig-cremige Petersilienwurzel schmeckt ganz
anders als knackige Möhre oder erdige und stark färbende Rote Bete.
Sie werden überrascht sein, wie wenig Aufwand dafür betrieben werden
muss und wie gut diese Beilage schmeckt.

Frittierte Schwarzwurzeln

2 EL Butter

200 g Dinkelmehl
  (Type 630)

100 g milder Allgäuer
  Bergkäse,
  fein gerieben

2 Eier, getrennt

200 ml Weißwein

1 kg Schwarzwurzeln

20 ml Weißweinessig
  + Wasser

500 ml Sonnen-
  blumenöl

1 Pr Salz

1 • Die Butter schmelzen und abkühlen lassen.

2 • Aus Mehl, Käse, Eigelb und Weißwein einen glatten Teig rühren und 15 Minuten quellen lassen.

3 • Die Schwarzwurzeln waschen und mit Gummihandschuhen unter leicht fließendem Wasser schälen. In 5 cm lange Stücke schneiden, dickere Stängelteile halbieren und sofort in einen Topf mit Essigwasser einlegen. Im Topf zum Kochen bringen und in 10–15 Minuten bissfest kochen.

4 • Das Sonnenblumenöl in einem Topf auf 170 °C erhitzen (an einem Holzstiel bilden sich Blasen, wenn die Temperatur erreicht ist).

5 • Das Eiweiß mit dem Salz steif schlagen und vorsichtig unter den Teig heben.

6 • Mehrere Schwarzwurzelstücke in den Teig geben und dann sofort im heißem Öl goldbraun frittieren. Auf Küchenkrepp abtropfen lassen und zügig servieren.

Variationen:

Das geht auch mit Sellerie, Kohlrabi, Steckrübe, Karotte, Roter Bete und anderem. Anders als z.B. bei Kartoffeln sollten die Gemüse aber vorgekocht werden, da ihr Wassergehalt in roher Form zu niedrig ist, um einen schnellen Garvorgang gewährleisten zu können.

Suppen

Rote-Bete-Essenz

500 g Rote Bete
½ Sternanis
2 Nelken
2 Lorbeerblätter
200 ml Wasser
800 ml Rinderfond
1 kleine Chilischote, gehackt
1 TL Zitronen- oder
   Limettenzesten
Pfeffer, Salz

1 • Die Roten Beten schälen und in kleine Würfel schneiden. Die Blätter in feine Streifen schneiden und beiseite legen.
2 • In einem großen Topf Anis, Nelken und Lorbeerblätter kurz ohne Zugabe von Fett rösten. Mit Wasser und Rinderfond ablöschen, Rote-Bete-Würfel, Chili und Zesten dazugeben und auf kleiner Flamme 25 Minuten köcheln lassen.
3 • Die Suppe durch ein Sieb in einen sauberen Topf abgießen und mit Pfeffer und Salz abschmecken. In kleinen Saftgläsern auf Untertellern und mit den Rote-Bete-Blättern garniert servieren.

Variationen:
Um den kräftigen erdigen Geschmack der Roten Bete zu kontrastieren, kann man die Essenz mit 2 TL Orangenlikör verfeinern. Dazu passen dünne getoastete Brotscheiben mit einem Aufstrich aus Ziegenfrischkäse und Schnittlauch. Die Essenz kann auch mit Karotten gemacht werden.

Radieschenblättersuppe

1 große Zwiebel, klein geschnitten

1 EL Butter

3 mittelgroße mehligkochende
  Kartoffeln, geschält und
  gewürfelt

400 ml Gemüsebrühe

200 ml Wasser

Blätter von 1 Bund
  Bio-Radieschen

5 Stängel glatte Petersilie

200 g Sahne

Pfeffer, Salz

1 Msp Piment

4 Radieschen

1 • Die Zwiebel in der Butter glasig dünsten. Die Kartoffeln dazugeben und kurz mitdünsten.

2 • Mit der Gemüsebrühe und dem Wasser ablöschen und 20 Minuten köcheln lassen. Die Radieschenblätter waschen, trocken schütteln und klein schneiden. Einen Teil für die Dekoration beiseitelegen. Den Rest zusammen mit der Petersilie 3 Minuten vor Garende zugeben.

3 • Die Suppe im Mixer pürieren und durch ein Sieb zurück in den Topf streichen. Die Sahne zufügen. Die Suppe mit Pfeffer, Salz und Piment abschmecken und nicht mehr aufkochen.

4 • Die Radieschen waschen und in ganz feine Scheiben schneiden. Die Suppe auf Tassen verteilen. Mit den Radieschen und den zurückbehaltenen Blättern dekorieren.

Variationen:

Zur Suppe passt auch ein Klecks mit Salz angemachter Frischkäse. Optisch schön sind auch Gurken- oder Radieschenwürfel und Fetakäse auf einem Rosmarinstängel aufgefädelt als Deko.

Sämige Wurzelgemüsesuppe

600 g Wurzeln
  (Karotten, Sellerie, Pastinake,
  Wurzelpetersilie, Steckrübe,
  Schwarzwurzel, Topinambur)
2 Schalotten
1 EL Butter zum Anbraten
1 Lorbeerblatt
3 Pimentkörner
1 daumengroßes Stück Ingwer,
  gewürfelt
1 Sternanis
1 Chilischote
400 ml Gemüsefond
100 ml Weißwein
200 ml Wasser
200 g Sahne
Salz, Pfeffer
Einige Stängel glatte Petersilie,
  gehackt

1 • Die Wurzeln und die Schalotten klein schneiden und auf niedriger Stufe in der Butter anbraten. Die Gewürze zugeben und kurz mitbraten.
2 • Mit Gemüsefond, Wein und Wasser ablöschen und die Wurzeln in gut 12 Minuten bei mittlerer Hitze weich kochen.
3 • Die festen Gewürze aus der Suppe entfernen, die Suppe grob mit dem Pürierstab pürieren.
4 • Die Suppe erneut erhitzen, die Sahne zugeben, mit Salz und Pfeffer abschmecken und mit Petersilie bestreut servieren.

Variationen:
Als kräftige Wintersuppe oder als Hauptspeise passen Brotcroûtons und gebratene Speckstreifen gut zur sämigen Konsistenz.

Wurzelpetersiliensuppe

1 große Zwiebel, klein geschnitten
2 EL Butter
1 Bund frische Wurzelpetersilie, geschält und gewürfelt
3 mittelgroße mehligkochende Kartoffeln, geschält und gewürfelt
400 ml Gemüsebrühe
150 ml Wasser
150 ml trockener Weißwein
1 Bund glatte Petersilie, gehackt
Pfeffer, Salz
5–6 Champignons, fein gehackt

1 • Die Zwiebel in 1 EL Butter glasig dünsten. Die Wurzelpetersilie und die Kartoffeln dazugeben und kurz mitdünsten.
2 • Das Gemüse mit der Gemüsebrühe, dem Wasser und dem Weißwein ablöschen und gut 20 Minuten köcheln lassen. 2 Minuten vor Ende der Garzeit den größten Teil der Petersilie zugeben und kurz aufkochen.
3 • Die Suppe im Mixer pürieren, in den Topf zurückgeben, mit Pfeffer und Salz würzen.
4 • Die Champignons 3 Minuten in 1 EL Butter anbraten und mit Pfeffer und Salz würzen.
5 • Die Suppe in flachen Tellern anrichten, mit den angebratenen Champignons dekorieren und mit der restlichen Petersilie bestreuen.

Variationen:
Wenn Sie es gern deftig mögen, können Sie auch Würfel aus gebackenem Kalbsbries als Suppeneinlage nehmen, aber auch mit Fenchel gewürzte Bratwürste passen gut.

Klare Gemüsesuppe „mit allem, was da ist"

600 g verschiedenes Gemüse
(z.B. Bohnen, Fenchel, Tomaten,
Spinat und natürlich
verschiedene Wurzelgemüse
wie Karotte, Sellerie, Pastinake,
Wurzelpetersilie, Steckrübe,
Schwarzwurzel, Topinambur)
1 große Zwiebel, gehackt
2 EL Butter
3 mittelgroße festkochende
Kartoffeln, geschält und klein
geschnitten
1 Knoblauchzehe, gehackt
1 l Wasser
200 ml trockener Weißwein
Pfeffer, Salz
3 EL frische Gartenkräuter, klein
geschnitten, zur Dekoration

Für die Flädle
100 g Mehl
1 Ei
Etwas Milch oder Wasser zum
Glattrühren
Salz
4 Stängel glatte Petersilie,
klein geschnitten
Butterfett zum Ausbacken

1 • Alle Gemüse putzen, gegebenenfalls schälen und klein schneiden.
2 • Die Zwiebel in der Butter glasig dünsten und nach und nach die Gemüsestücke und die Kartoffeln hinzufügen und mit anbraten. Empfindliche Zutaten wie Tomaten oder Bohnen werden zunächst beiseite gestellt.
3 • Den Knoblauch kurz mitbraten und dann alles mit Wasser und Weißwein ablöschen. Wieder zum Kochen bringen und gut 20 Minuten auf kleiner Flamme köcheln lassen.
4 • Den Flädlesteig aus Mehl, Ei, Wasser, Salz und Petersilie anrühren und in einer Pfanne in Butterfett zwei bis drei Pfannkuchen ausbacken. Diese in schmale Streifen schneiden.
5 • Tomaten und Bohnen, falls verwendet, zur Suppe geben und weitere 5 Minuten köcheln lassen. Ganz zum Schluss den Spinat, falls verwendet, zugeben und nur ganz kurz mitgaren. Die Suppe mit Salz und Pfeffer würzen, mit frischen Kräutern dekorieren und servieren.

Variationen:
Diese Suppe kann auch eine „Restesuppe" sein und jahreszeitlich passende Gemüsereste verwerten. Ganz lecker: Bratwürste mitkochen oder auch „Kesselfleisch". Wenn Sie es noch deftiger mögen, können Sie auch Linsen mitkochen, die gleich am Anfang zugegeben werden.

Rüben-Schwarzbrotsuppe

250 g altbackenes Schwarzbrot,
    klein geschnitten
4 Schalotten, gewürfelt
80 g durchwachsener Speck,
    klein geschnitten
20 g Butter
1 Knoblauchzehe, gehackt
800 ml Fleischbrühe
2 Lorbeerblätter
100 g Karotte
100 g Wurzelpetersilie
100 g Sellerie
100 g Steckrübe
200 ml Bockbier
Salz, Pfeffer
Frische Gartenkräuter, gehackt

1 • Schwarzbrot, Schalotten und Speck in der Butter anrösten und leicht bräunen. Den Knoblauch zugeben und kurz mitrösten.
2 • Mit Fleischbrühe aufgießen und die Lorbeerblätter hinzugeben. Karotten, Wurzelpetersilie, Sellerie und Steckrübe in kleine Würfel schneiden und mit dem Bier zur Suppe geben. Mit Salz und Pfeffer abschmecken. Bei milder Hitze 15 Minuten köcheln lassen.
3 • In flachen Tellern mit frischen Kräutern dekoriert servieren.

Variationen:

Wenn Sie bei Ihrem Metzger frisch gekochtes Kesselfleisch bekommen können, sollten Sie das klein geschnitten mit der Suppe servieren, auch rohe Würste mit Kümmel oder Anis passen hervorragend. Eigentlich können Sie jedes altbackene Brot dafür nehmen und auch beim Bier darf variiert werden. Diese Suppe ist ein klassisches Resteessen.

Schwarzwurzelsuppe mit Steinpilzen

500 g Schwarzwurzeln
2 EL Obstessig + Wasser
15 g getrocknete Steinpilze
50 ml kochendes Wasser
30 g Butter
1 große mehligkochende Kartoffel,
  gewürfelt
4 Schalotten, gewürfelt
1 Knoblauchzehe, gewürfelt
100 ml trockener Weißwein
600 ml Rinderfond
350 g Sahne
Salz, Pfeffer
Obstessig nach Geschmack

1 • Die Schwarzwurzeln unter dem Wasserhahn mit Gummihandschuhen schälen, schneiden und in eine Schale Essigwasser legen, damit sie sich nicht verfärben. Die Pilze in einem Gefäß mit dem kochenden Wasser übergießen und quellen lassen.

2 • Die Butter in einem größeren Topf schmelzen, die Schwarzwurzeln aus dem Wasser nehmen und mit den Kartoffeln, den Zwiebeln und dem Knoblauch 4–5 Minuten bei mittlerer Hitze andünsten. Mit dem Weißwein ablöschen. Rinderfond zugeben, aufkochen lassen und zugedeckt 20 Minuten köcheln lassen.

3 • Die Suppe fein pürieren und gegebenenfalls durch ein Sieb streichen. Wieder in den Topf füllen und die Sahne unterrühren.

4 • Die Pilze aus dem Einweichwasser nehmen, das Wasser zur Suppe geben, die Pilze sehr fein hacken und ebenfalls zur Suppe geben. Die Suppe mit Salz und Pfeffer abschmecken. Wenn die Suppe zu sahnig schmeckt, kann noch mit etwas Obstessig verfeinert werden.

Variationen:
Speckstreifen anrösten und mit der Suppe servieren. Auch andere Pilze (z.B. Morcheln, Pfifferlinge, Herbsttrompeten) eignen sich gut. Die erdigen Wurzeln, das Sahnige und Pilzige ergänzen sich in diesen Mengenverhältnissen ausgezeichnet. Eine wunderbare und nahrhafte Suppe für die ganz kalten Tage.

Pastinakenschaumsuppe mit Safran

4 Schalotten, gewürfelt

30 g Butter

400 g Pastinaken, gewürfelt

2 mehligkochende Kartoffeln,
   gewürfelt

1 Quitte oder 1 säuerlicher Apfel,
   gewürfelt

50 ml Weißwein

800 ml Hühnerbrühe

0,1 g gemahlener Safran
   oder 1 Msp Safranfäden

150 g Sahne

Salz, weißer Pfeffer

1 • Die Schalotten in der Butter glasig dünsten. Pastinaken, Kartoffeln und Quitte bzw. Apfel zugeben und kurz mitdünsten, mit dem Weißwein ablöschen und mit der Hühnerbrühe aufgießen. Aufkochen und bei mittlerer Temperatur ca. 15 Minuten weich kochen.

2 • Die Suppe pürieren, durch ein Sieb streichen und wieder in den Topf geben.

3 • Den Safran und die Sahne zufügen und die Suppe mit Salz und Pfeffer abschmecken. Mit dem Pürierstab noch einmal aufschäumen und in Tassen servieren.

Variationen:

Als Deko können Sie Kartoffelstroh machen, indem Sie feine Kartoffelstreifen in Sonnenblumenöl frittieren. Auch lecker: Gewürfelte säuerliche Äpfel mit etwas Zucker in einer kleinen Pfanne karamellisieren, mit weißem Balsamico ablöschen, reduzieren und einige Blättchen Majoran hinzufügen. Auf Pumpernickeltalern mit Leberpastete eine nette Beilage oder direkt in der Suppe servieren. Die Suppe kann auch aus Schwarzwurzeln, Sellerie, Steckrüben und Wurzelpetersilie gemacht werden.

Grünkern-Steckrübensuppe

70 g Grünkernschrot
50 g Butter
2 Schalotten, gehackt
300 g Steckrüben, gewürfelt
800 ml Gemüsebrühe
150 g Sahne
100 g Crème fraîche
1 Bund Schnittlauch
Grobes Meersalz, Pfeffer

1 • Den Grünkernschrot in einem Teil der Butter anrösten, bis er aromatisch duftet. Die Schalotten zugeben und glasig dünsten. Die Steckrüben zufügen, mit der Gemüsebrühe ablöschen und alles 15 Minuten köcheln lassen.
2 • Sahne und Crème fraîche zugeben.
3 • Zwei Drittel des Schnittlauchs in einem Mörser unter Zugabe von grobem Salz zerkleinern und damit die Suppe färben und würzen. Mit Pfeffer nach Geschmack würzen, die Suppe noch einmal erhitzen, ohne zu kochen. Mit Schnittlauchröllchen garniert servieren.

Variationen:
Dazu passen geröstete Brotscheiben, die mit geriebenem Parmesan bestreut und kurz im Backofen bei Oberhitze überbacken werden. Anstelle der Steckrüben passen auch Karotten gut zum nussigen Geschmack des Grünkerns.

Sellerie-Mangoldsuppe mit Joghurt

250 g Mangold
200 g Staudensellerie
250 g Knollensellerie
3 Schalotten, klein geschnitten
30 g Butter
1 Knoblauchzehe, fein gehackt
800 ml Gemüsebrühe
2 Becher griechischer Joghurt
Salz, Pfeffer, Pfeffersauce
1 Handvoll Walnusskerne,
   grob gehackt
1 Fleischtomate, klein geschnitten

1 • Mangold und Staudensellerie waschen und klein schneiden. Die Mangoldblätter in feine Streifen, die Stängel von Staudensellerie und Mangold in feine Scheiben schneiden. Knollensellerie schälen und würfeln.
2 • Die Schalotten in der Butter glasig dünsten. Knoblauch zugeben und ganz kurz mitdünsten.
3 • Mit der Gemüsebrühe ablöschen und aufkochen. 5 Minuten köcheln lassen, dann die Mangoldstängel zugeben. Weitere 5 Minuten köcheln lassen.
4 • Die Suppe mit dem Pürierstab pürieren. 1 Becher Joghurt unterrühren, die Suppe mit Salz und Pfeffer und nach Geschmack mit Pfeffersauce abschmecken.
5 • Die Walnüsse ohne Zugabe von Fett in einer kleinen Pfanne anrösten. Ganz zum Schluss die Suppe noch einmal kurz erhitzen und den Staudensellerie, die grünen Mangoldstreifen und die Fleischtomate dazugeben und kurz mitköcheln lassen. In flachen Tellern mit einem Klecks zimmerwarmem Joghurt und darübergestreuten Walnüssen servieren.

Variationen:

Es sieht schöner aus, wenn das Grün der Pflanze erhalten bleibt. Deshalb Staudensellerie und Mangold nicht zu lange erhitzen. Wer es gerne noch schärfer mag, kann auch fein geschnittene Chilischote über die Walnüsse streuen. Als exotische Note kann mit gemahlenem Kreuzkümmel gewürzt werden.

Eintöpfe & Aufläufe

Perlgraupen-Wurzelgemüse-Rindfleisch-Eintopf

8 kleine Schalotten, halbiert

4 EL Sonnenblumenöl

2 Knoblauchzehen, gehackt

200 g frische Champignons, klein geschnitten

100 g geräucherter Bauchspeck, gewürfelt

700 g durchwachsenes Rindfleisch, pariert, in 4 cm großen Würfeln

3 EL Weizenmehl (Type 405)

500 ml trockener Weißwein

3 Stängel glatte Petersilie

1 Zweig frischer Rosmarin

1 Zweig Thymian

Einige Lorbeerblätter

Nelken, Wacholder und Pimentkörner nach Geschmack

400 ml Rinderfond

Salz, Pfeffer

150 g Perlgraupen

3 große Möhren, gewürfelt

3 Wurzelpetersilie, gewürfelt

1/2 Knollensellerie, gewürfelt

1 Kohlrabi, gewürfelt

1 • Die Schalotten in 1 EL Öl in einem großen Schmortopf anbraten, dann den Knoblauch zugeben. Die Champignons und den Bauchspeck zugeben und kurz mitdünsten. Alles aus dem Schmortopf heben und beiseite stellen. Den Backofen auf 180 °C vorheizen.

2 • Die Rindfleischwürfel im restlichen Öl in kleinen Portionen kräftig anbraten. Das angebratene Fleisch mit Mehl bestäuben und einige Minuten anrösten.

3 • Mit dem Weißwein ablöschen, einen kleinen Baumwollbeutel mit den Kräutern und Gewürzen füllen und zugeben, den Rinderfond angießen und alles mit Salz und Pfeffer würzen. Durchrühren und dabei den Bratensatz vom Topfboden lösen. Zugedeckt im vorgeheizten Backofen 2 Stunden schmoren lassen.

4 • Währenddessen die Perlgraupen nach Packungsanleitung bissfest kochen. Das Gemüse 30 Minuten, die Perlgraupen gut 15 Minuten vor Ende des Schmorens in den Schmortopf geben und umrühren. Zugedeckt fertig schmoren.

5 • Wenn das Fleisch gut weich ist (Gabelprobe), das Würzsäckchen entfernen, alles noch einmal abschmecken und in vorgewärmten tiefen Tellern servieren.

Variationen:

Experimentieren Sie: Weißwein durch Rotwein ersetzen, Schwein, Lamm oder Wild verwenden, anders würzen, mit den Wurzeln variieren – Ihrer Experimentierfreude sind keine Grenzen gesetzt.

Kohlrabi-Kartoffel-Schweinefleisch-Eintopf

600 g Schweinehals,
  in 3 cm großen Würfeln
30 g Schweineschmalz
2 Schalotten, gehackt
1 Knoblauchzehe, gehackt
800 ml Fleischbrühe
2 Lorbeerblätter
6 mittelgroße Kartoffeln,
  geviertelt
2 Möhren, klein geschnitten
2 Kohlrabi, in Scheiben,
  Blätter in Streifen
2 Stangen Staudensellerie,
  klein geschnitten
Schale von ½ unbehandelten
  Zitrone
Salz, Pfeffer, Muskat
2 Frühlingszwiebeln
Schnittlauch

1 • Den Schweinehals im Schweineschmalz anbraten. Die Schalotten und den Knoblauch zufügen und kurz mitbraten. Mit der Fleischbrühe ablöschen und die Lorbeerblätter dazugeben. Alles zugedeckt ca. 50 Minuten bei kleiner Hitze weich kochen.
2 • Nach gut 30 Minuten Kochzeit die Kartoffeln und die Möhren zum Eintopf geben. Nach weiteren 10 Minuten Kohlrabi, Staudensellerie und Zitronenschale dazugeben und weiterkochen lassen, bis alles gar ist. Mit Salz, Pfeffer und Muskat abschmecken.
3 • Vor dem Servieren Frühlingszwiebeln und Schnittlauch waschen und in feine Röllchen schneiden. Den heißen Eintopf in tiefen Tellern, bestreut mit Frühlingszwiebeln, Kohlrabiblättern und Schnittlauch, servieren.

Variationen:
Noch deftiger schmeckt der Topf mit Bratwürsten. Verwenden Sie im Herbst Steckrüben oder Teltower Rübchen, im Winter Sellerie oder Wurzelpetersilie und im Frühling die ersten jungen Roten Beten oder Möhren.

Saure Kohlrabi-Kartoffelrädle

600 g festkochende Kartoffeln
  (z.B. Bamberger Hörnchen)
400 g Kohlrabi, in Scheiben
1 Zwiebel, gewürfelt
30 g Butter
2 gehäufte EL Mehl
750 ml Wasser
1 Nelke
2 Lorbeerblätter
1 Msp Muskat
Salz, Pfeffer, Essig nach
  Geschmack
Glatte Petersilie, gehackt

1 • Die Kartoffeln kochen, abdampfen lassen, schälen und in Scheiben schneiden. Den Kohlrabi 2 Minuten blanchieren. Beides beiseite stellen.
2 • Die Zwiebel in der Butter kurz anschwitzen. Das Mehl einsieben und anschwitzen. Mit dem Wasser ablöschen und glattrühren.
3 • Nelke, Lorbeer und Muskat zugeben und 15 Minuten zugedeckt köcheln lassen. Mit Salz, Pfeffer und Essig kräftig abschmecken, die Kartoffeln und den Kohlrabi dazugeben und noch einmal erhitzen. Vor dem Servieren großzügig mit der Petersilie bestreuen.

Variationen:
Sie können unterschiedliche Kartoffelsorten ausprobieren, es gibt große Unterschiede. Auch andere Wurzelgemüse sind dazu lecker. Selbst die „erdige" Variante mit Roter Bete ist vorstellbar. Ein wunderbares vegetarisches Essen, das aber auch mit geröstetem Speck und Walnüssen serviert werden kann.

Pichelsteiner mit Wurzelgemüse

150 g mürbes Rindfleisch

150 g Hammelkeule oder -schulter

150 g Schweinefleisch

150 g Kalbfleisch (z.B. Wade)

Etwas Salz

400 g verschiedene Wurzel-
gemüse wie Karotten, Sellerie,
Steckrüben, Wurzelpetersilie,
Pastinake

300 g Kartoffeln

1 Stange Lauch, in Ringen

2 große Zwiebeln, gewürfelt

1 Knoblauchzehe, klein
geschnitten

Pfeffer

Wacholder

10 Stängel glatte Petersilie,
gehackt + zusätzlich zum
Dekorieren

2 Stängel frischer oder
1 TL getrockneter Majoran

2 Lorbeerblätter

3 EL Essig

1 • Das Fleisch waschen, trocknen, in halbfingerdicke Scheiben schneiden und salzen. Ebenso mit dem Wurzelgemüse und den Kartoffeln verfahren. Die Kartoffeln nach dem Schneiden in Wasser einlegen. Lauch, Zwiebeln und Knoblauch unter das Gemüse mischen. Den Backofen auf 180 °C vorheizen.

2 • Pfeffer und Wacholder im Mörser grob zerstoßen. In einen Schmortopf eine Schicht Gemüse geben, mit gehackter Petersilie bestreuen und eine Schicht Fleisch daraufgeben, mit der Pfeffer-Wacholder-Mischung, Majoran und Salz bestreuen und wiederholen, bis die Zutaten aufgebraucht sind. Zum Schluss mit den Kartoffelscheiben belegen und bis knapp unter die Kartoffeln mit Wasser aufgießen.

3 • Im vorgeheizten Backofen zugedeckt ca. 30 Minuten dämpfen. Nicht umrühren! Mit dem Essig abschmecken und ca. 60 Minuten weiterdämpfen, bis das Fleisch weich geworden ist. Beim Servieren darauf achten, dass die unterschiedlichen Lagen auf dem Teller erhalten bleiben. Großzügig mit Petersilie bestreuen.

Variationen:

Die Verwendung unterschiedlicher Fleischsorten macht den Reiz dieses Gerichts aus. Verwendet werden können alle Fleischarten, die sich zum Schmoren eignen. Lassen Sie sich von ihrem Metzger beraten. Beim Wurzelgemüse ist die Jahreszeit der bestimmende Faktor. Orientieren Sie sich am Marktangebot. Gut passen immer Sellerie, Karotten und Wurzelpetersilie, die mit ihrem kräftigen Geschmack den Fleischgeschmack ergänzen.

Topinambur-Auflauf

800 g Topinambur
300 g Möhren, gewürfelt
300 g Sellerie, gewürfelt
2 Stangen Lauch, in Ringen
1 Zwiebel, gehackt
30 g Butter
1 gehäufter EL Mehl
200 g Sahne
200 g milder Allgäuer Bergkäse,
    gerieben
Salz, Pfeffer
1 Handvoll Walnüsse, gehackt
Einige Stängel glatte Petersilie,
    gehackt

1 • Den Topinambur unter fließendem Wasser gründlich abbürsten, in einem Topf mit Salzwasser aufkochen und in rund 15 Minuten weich köcheln.
2 • Möhren, Sellerie und Lauch gut 5 Minuten blanchieren. Herausnehmen.
3 • Die Zwiebel in der Butter andünsten, das Mehl darübersieben, anschwitzen und mit gut 300 ml des Gemüsewassers ablösen. Die Sahne und ein Drittel des Käses dazugeben, gut umrühren und weitere 10 Minuten köcheln lassen. Kräftig mit Salz und Pfeffer abschmecken.
4 • Den Backofen auf 200 °C vorheizen. Die Topinamburknollen schälen und in Scheiben schneiden. Mit dem anderen Gemüse in eine flache Auflaufform schichten und die Käse-Sahne-Sauce darübergießen. Auf der mittleren Schiene des vorgeheizten Backofens gut 30 Minuten backen. Die Walnüsse in der Pfanne ohne Zugabe von Fett anrösten und mit dem restlichen Käse 10 Minuten vor Ablauf der Backzeit über den Auflauf streuen.
5 • Auf vorgewärmten Tellern anrichten und mit Petersilie bestreuen. Gut dazu passt ein würzig angemachter Feld- oder Endiviensalat.

Variationen:

Noch deftiger schmeckt der Topf mit Bratwürsten. Verwenden Sie im Herbst Steckrüben oder Teltower Rübchen, im Winter Sellerie oder Wurzelpetersilie und im Frühling die ersten Roten Beten oder Möhren.

Zwiebel-Mangold-Auflauf

1 kg Mangold
10 Schalotten, geviertelt
2 EL Olivenöl
2 EL Zucker
1 Stängel Rosmarin, gehackt
2 EL Balsamico
250 ml kräftiger Rotwein
100 ml Sherry medium
1 Lorbeerblatt
1 Pr Zimt
1 Pr Muskat
Salz, Pfeffer
1 Handvoll Walnüsse
2 Eier
4 EL Paniermehl + zusätzlich
    für die Form

1 • Den Mangold waschen, in Stücke schneiden und in einem großen Topf einige Minuten andünsten, bis die Blätter zusammengefallen sind. In ein Sieb abgießen und abtropfen lassen.
2 • Die Schalotten in 1 EL Olivenöl anbraten. Den Zucker dazugeben und karamellisieren lassen. Den Rosmarin zufügen und alles mit Balsamico, Rotwein und Sherry ablöschen. Lorbeer, Zimt und Muskat dazugeben und den Sud kräftig einkochen lassen. Mit Salz und Pfeffer würzen. Etwas abkühlen lassen.
3 • Den Backofen auf 175 °C vorheizen. Die Walnüsse in einer Pfanne ohne Zugabe von Fett rösten. Eine Auflaufform mit dem restlichen Olivenöl auspinseln und panieren. Den Mangold hineingeben und die Walnüsse darauf verteilen. Eier und Paniermehl in den abgekühlten Zwiebelsud einrühren und die Mischung über den Mangold gießen. Im vorgeheizten Backofen 30–35 Minuten backen. Dazu passen gebackene Kartoffeln oder auch Couscous gut.

Variationen:

Die leicht orientalische Note harmoniert gut mit einer Lammkeule. Die Zwiebeln können Sie noch zusätzlich mit Rosinen kochen, um das Gericht fruchtiger zu machen. Im Herbst können Sie schmale, ungeschälte Quittenspalten mitbacken.

Rindfleisch in Rote-Bete-Meerrettich-Marinade

3 Rote Beten

125 ml Wasser

125 ml Weinessig oder
   Balsamico-Essig

2 Lorbeerblätter

4 Pimentkörner, zerstoßen

50 g frischer Meerrettich,
   in langen Streifen

600–1000 g Rinderschmorbraten,
   in Scheiben

3 Zwiebeln, in Ringen

1 Msp Salz, Pfeffer

2 EL Butterschmalz

Etwas Mehl

1 • Die Roten Beten roh fein reiben, dann in einer Schüssel mit Wasser und Weinessig oder Balsamico übergießen. Lorbeerblätter und Piment zugeben.

2 • Den Boden einer Kasserolle oder eines anderen großen Gefäßes mit Deckel mit den Meerrettichscheiben auslegen, das Fleisch darauf legen, mit der Rote-Bete-Marinade übergießen. Zum Schluss mit den Zwiebelringen bedecken.

3 • Das Fleisch zugedeckt 24 Stunden in der Lake marinieren, zwischendurch wenden.

4 • Dann herausnehmen, trockentupfen, salzen und pfeffern.

5 • Butterschmalz in einer Pfanne erhitzen, darin das Fleisch rundherum anbraten, dann wieder in den Bräter legen. Den Bratensatz löffelweise mit Marinade ablöschen, bis alles gelöst ist, dann dem Fleisch zufügen.

6 • Das Fleisch bei geringer Hitze zugedeckt ca. 1 Stunde auf dem Herd oder im Backofen bei 170 °C schmoren lassen, zwischendurch wenden. Der Sud sollte ein Drittel der Fleischhöhe ausmachen, gegebenenfalls Wasser nachgießen.

7 • Sobald das Fleisch gar ist, den Braten herausnehmen und warm halten. Den Sud ca. 30 Minuten lang bei geringer Hitze reduzieren, dann die Meerrettichscheiben entfernen.

8 • Das Mehl ohne Zugabe von Fett anrösten, der Sauce hinzufügen und diese durch ein Sieb passieren.

9 • Mit vorwiegend festkochenden Kartoffeln (z.B. Nicola, Granula, Quarta, Gloria, Princess oder Linda) servieren.

Variationen:

Als saisonale Gemüsebeilage eignen sich Spitzkohl mit Quitten kombiniert oder Fenchel mit Dill. Die Quitten können auch in Kartoffelpüree gegeben werden. Ein Rettichsalat oder Batavia mit Walnuss-Orangen-Dressing oder ab Oktober der erste Feldsalat passen gut dazu. Süß-saure Essiggurke bietet einen klassischen Ausgleich zur erdig-süßen Rote-Bete-Marinade des Bratens.

Sie können auch nur eine Rote Bete verwenden und nach 30 Minuten 1 EL Kapern mitköcheln lassen, zuletzt fein gewürfelte Gurke und frischen Dill dazugeben.

Würzen Sie nicht zu stark, weil der Braten durch das Schmoren einen hervorragenden Eigengeschmack entwickelt. Experimentieren können Sie aber mit Kreuzkümmel, Garam Masala oder Senf. Anstelle von Meerrettich eignet sich Ingwer mit Kardamom und Chili.

Schwarzwurzel-Auflauf

600 g Schwarzwurzeln

Essig + Wasser

600 g festkochende Kartoffeln
   (z.B. Linda), in Stiften

1 Zwiebel, gehackt

30 g Butter

70 g Schwarzwälder Schinken,
   in Scheiben

½ Tasse Paniermehl

2 Eier

150 ml Gemüsebrühe

150 g Sauerrahm

Salz, Pfeffer

Einige Stängel glatte Petersilie,
   gehackt

1 • Die Schwarzwurzeln in Gummihandschuhen unter fließendem Wasser schälen, in 3 cm lange Stücke schneiden und in eine Schüssel mit Essigwasser legen.

2 • Schwarzwurzeln und Kartoffeln in kochendem Wasser gut 15 Minuten vorkochen.

3 • Die Zwiebel in der Butter dünsten. Die Schinkenscheiben dazugeben und kross rösten. Schinken und Zwiebeln aus dem Topf nehmen und beiseite stellen. Im Rest der Butter das Paniermehl anrösten und beiseite stellen.

4 • Den Backofen auf 200 °C vorheizen. Eier, Gemüsebrühe und Sauerrahm in einer Schüssel verrühren, die Zwiebeln dazugeben und kräftig mit Salz und Pfeffer würzen.

5 • Schwarzwurzeln, Schinkenscheiben und Kartoffeln in eine Auflaufform schichten, mit der Eier-Sauerrahm-Mischung übergießen und im Backofen gut 30 Minuten backen.

6 • Auf vorgewärmten Tellern servieren und mit Petersilie und den gerösteten Brotkrumen bestreuen.

Variationen:

Anstelle der Schinkenscheiben kann man auch schmale Scheiben Kasseler nehmen. Diese aber nicht vorher anbraten. Der Auflauf schmeckt auch mit Steckrüben, Teltower Rübchen oder anderen Rübensorten gut.

Schwarzer Rettich-Kartoffel-Auflauf mit Räucherforelle und Meerrettichsauce

Auflauf

500 g schwarzer Rettich

500 g festkochende Kartoffeln

1 Zwiebel, klein gewürfelt

80 g Butter, in Flöckchen

300 g Räucherforelle, in Stücken

Einige Stängel glatte Petersilie, gehackt + zusätzlich zum Dekorieren

400 ml Gemüsebrühe

Salz, Pfeffer

Mehrere Stängel Majoran, Blättchen abgezupft

Meerrettichsauce

250 ml Gemüsebrühe

250 g Sahne

Etwas Meerrettich

Salz

Etwas Zitronensaft

100 g kalte Butter

1 • Rettich und Kartoffeln schälen, in feine Scheiben hobeln und 5 Minuten blanchieren. Die Zwiebel in wenig Butter glasig dünsten.

2 • Den Backofen auf 200 °C vorheizen. Rettich, Kartoffeln, Zwiebeln und die Forelle mischen und in eine gebutterte Auflaufform schichten. Die Petersilie darüberstreuen. Die Gemüsebrühe mit Salz und Pfeffer kräftig würzen, den Majoran untermischen und die Brühe über das Gemüse gießen. Den Auflauf mit Butterflocken bestreuen und im vorgeheizten Backofen auf der mittleren Schiene gut 35 Minuten backen.

3 • Für die Sauce Gemüsebrühe und Sahne mischen, aufkochen und um ein gutes Drittel reduzieren. Nach Geschmack Meerrettich in die Sauce raspeln. Mit Salz und Zitronensaft abschmecken.

4 • Die kalte Butter in Flöckchen mit dem Schneebesen einrühren, bis die Sauce bindet. Auf angewärmten Tellern mit Petersilie bestreut servieren. Dazu passt ein Salat mit Roter Bete und Äpfeln.

Variationen:

Schwarzer Rettich ist gut lagerfähig. Er verliert durch die Lagerung an Flüssigkeit und gewinnt an Aroma. Sie können diesen Winterauflauf auch mit anderen Rübenarten, wie z. B. Steckrüben machen. Neben geräucherter Forelle passen auch Saibling und Felchen sehr gut.

Hauptgerichte

Skrei mit Lauchgitter und violettem Möhren-Kartoffel-Stampf

400 g mehligkochende Kartoffeln
   oder violette Vitelotte-Kartoffeln
4 violette Möhren (Urmöhre,
   Purple-Haze-Möhre),
   klein gewürfelt
60 g Butter
1 Stange Lauch
1 Schalotte, gehackt
150 ml Milch
125 g Sahne
Salz, Pfeffer, Muskat
4 Stängel Petersilie gehackt
700 g Skrei
1 Bund Schnittlauch
1 Bio-Limette, Schale gerieben
1 Chilischote

1 • Die Kartoffeln waschen und ungeschält in Salzwasser weich kochen, abdampfen lassen und schälen. Die Möhren in 40 g Butter weich dünsten.
2 • Den Lauch gut waschen und in ca. 12 cm lange und 2 cm breite Streifen schneiden. 3 Minuten blanchieren und mit kaltem Wasser abschrecken. Die Streifen zu vier Gittern weben.
3 • Die Schalotte in 20 g Butter anschwitzen, Milch und Sahne dazugeben und erhitzen. Mit Salz, Pfeffer und Muskat abschmecken und in einer Schüssel über die Kartoffeln geben. Stampfen und zum Schluss die Karottenwürfel und die Petersilie unterheben. Warm stellen.
4 • Den Skrei waschen, trocken tupfen, salzen und im Dampfgarer bei 90 °C oder im Dampfgartopf 8 Minuten garen. Auf angewärmten Tellern servieren. Mit Limettenabrieb, Schnittlauch und Chili dekorieren.

Variationen:

Der Kabeljau kann auch auf der Haut gebraten werden, zerfällt aber sehr leicht. Der Stampf kann genauso gut mit anderen Wurzeln, wie Wurzelpetersilie, Sellerie oder Steckrübe, gemacht werden. Die mehligkochenden Kartoffeln bilden dabei immer die Grundmasse und kleine gewürfelte Wurzeln den geschmackstragenden Teil.

Forellenkräuterrolle mit Kartoffel-Karottenpuffer und Selleriegemüse

Forellenkräuterrolle

5 Forellenfilets
50 g Sahne
5 Stängel Thymian, gehackt
5 Stängel Petersilie, gehackt
Pfeffer, Salz

Kartoffel-Karottenpuffer

6 mittelgroße mehligkochende
　Kartoffeln
2 Karotten
Pfeffer, Salz
1 EL Mehl
Butterschmalz

Selleriegemüse

$^1/_4$ Knolle Sellerie
1 EL Butter
1 EL Mehl
100 ml Gemüsebrühe
50 ml Weißwein
80 g Sahne
Pfeffer, Salz

Balsamico-Rote-Bete

200 g Rote Bete
1 EL Butter
50 ml Rotwein
50 ml Gemüsebrühe
30 ml Balsamicoessig
Pfeffer, Salz

1 • Die Forellenfilets von der Haut schneiden und 1 Filet mit Sahne und Kräutern im Mixer zu einer feinen Fischfarce verarbeiten. Mit Pfeffer und Salz würzen.

2 • Auf Frischhaltefolie 1 Filet mit Farce bestreichen, ein zweites auflegen und aufrollen. Die Rolle in Alufolie wickeln und an den Enden gut verschließen. Den Vorgang mit zwei weiteren Filets wiederholen und eine weitere Rolle anfertigen. Kühlen.

3 • Für die Puffer Kartoffeln und Karotten schälen, grob raspeln, kräftig mit Salz und Pfeffer würzen, das Mehl untermischen und die Masse in der Pfanne in Butterschmalz langsam knusprig ausbacken. Im Backofen bei 100 °C warm halten.

4 • Den Sellerie schälen und in dünne Scheiben schneiden. Die Butter in einem Topf schmelzen und das Mehl darin anschwitzen. Mit Gemüsebrühe und Wein ablöschen, den Sellerie dazugeben und in gut 10 Minuten weich dämpfen. Dabei die Flüssigkeit gut reduzieren. Die Sahne zufügen und weiter bei niedriger Flamme köcheln lassen. Mit Pfeffer und Salz abschmecken.

5 • Die Rote Bete klein würfeln und in der Butter in einem kleinen Topf kurz anschwitzen. Mit Rotwein, Gemüsebrühe und Balsamico ablöschen und in 20 Minuten weich dämpfen. Die Flüssigkeit dabei gut reduzieren. Mit Pfeffer und Salz abschmecken.

6 • Währenddessen die Forellenrollen im Wasserbad bei 75–80 °C gut 12 Minuten pochieren.

7 • Alles auf Tellern anrichten und servieren.

Variationen:

Anstelle von Forelle gehen auch andere Fische wie Zander, Felchen oder Saibling. Die Puffer können Sie auch mit der violetten Purple-Haze- oder Urmöhre machen. Auch andere Wurzelgemüse, wie Sellerie oder Pastinake, eignen sich gut. Fein gerieben anstatt grob geraspelt ist eine geschmackliche Alternative.

Kartoffel-Karotten-Gnocchi

Gnocchi

400 g Karotten, gewaschen,
   große halbiert
600 g mehligkochende Kartoffeln,
   gewaschen, große halbiert
2 Eigelb
Salz, Muskat
100 g Parmesan, frisch gerieben
Etwa 200 g Mehl (Type 405)

Sauce

300 g Champignons, in Scheiben
50 g Butter
1 EL Mehl
100 ml Gemüsebrühe
100 ml Weißwein
125 g Sahne
Salz, Pfeffer
2 geräucherte Forellenfilets,
   zerkleinert
3 Stängel glatte Petersilie,
   fein geschnitten

1 • Den Backofen auf 200 °C vorheizen. Auf einem mit Backpapier ausgelegten Backblech die Karotten und Kartoffeln ca. 40 Minuten backen, bis sie weich sind. Aus dem Backofen nehmen und etwas abkühlen lassen, dann durch eine Kartoffelpresse in eine Schüssel drücken.

2 • Das Mus mit den Eigelben, Salz und Muskat nach Geschmack und dem Parmesan zu einem glatten Teig verkneten. Dabei Mehl nach Bedarf dazugeben, bis der Teig nicht mehr klebt.

3 • Den Teig auf bemehlter Fläche zu daumendicken Rollen formen. Diese in 3 cm lange Stücke schneiden, mit bemehlten Händen zu flachgedrückten Kugeln rollen und mit einer Gabel verzieren.

4 • Für die Sauce die Champignons in der Butter anbraten und mit dem Mehl bestreuen. Nach und nach Gemüsebrühe, Weißwein und Sahne zugeben und sämig einkochen lassen. Mit Salz und Pfeffer abschmecken. Die Forellenfilets unter die Champignons rühren. Danach nicht mehr aufkochen. Zum Schluss die Hälfte der Petersilie unterrühren.

5 • Die Gnocchi 5 Minuten in siedendem Salzwasser ziehen lassen, bis sie oben schwimmen. Mit einer Schaumkelle abschöpfen, abtropfen lassen.

6 • Auf angewärmten Tellern anrichten. Großzügig mit Petersilie bestreuen.

Variationen:

Wer will, kann neben Karotten auch Sellerie, Wurzelpetersilie, Steckrübe oder Pastinake nehmen. Die Sauce kann man mit Pfifferlingen oder anderen Waldpilzen zubereiten oder die Pilze zusammen mit fein gewürfeltem Bauchspeck anbraten.

Schweinebäckchen mit Kraut und Rüben

Schweinebäckchen

1 kg Schweinebäckchen

Salz

2 EL Mehl

1 EL Butterschmalz

4 Schalotten, klein geschnitten

1 Knoblauchzehe, gehackt

100 ml Sherry halbtrocken

250 ml Weißwein

250 ml Kalbsfond

1 Stängel Rosmarin

1 Stängel Thymian

1 Lorbeerblatt

Pfeffer

Kraut

4 Schalotten, gewürfelt

2 EL Schweine- oder
   Gänseschmalz

600 g Spitzkraut, in sehr feinen
   Streifen

1 EL Mehl

Salz, Pfeffer

3 Lorbeerblätter

5 Wacholderbeeren, zerdrückt

300 ml Weißwein

1 Apfelquitte

2 TL Kümmel

2 EL Balsamico bianco

Rüben

125 g Sahne

800 g Teltower Rübchen

Salz

2 EL Butter

Pfeffer, Salz

1 • Den Backofen auf 120 °C vorheizen. Die Schweinebäckchen salzen, mit Mehl bestreuen und portionsweise in einem Schmortopf im Butterschmalz von beiden Seiten gut anbraten.

2 • Herausnehmen, die Schalotten im Bratfett anbraten. Nach 2 Minuten den Knoblauch zugeben, ganz kurz mitbraten, ohne dass er Farbe annimmt, und alles mit Sherry, Wein und Fond ablöschen. Die Kräuter zufügen und alles aufkochen. Das Fleisch in den Topf geben und alles zugedeckt im vorgeheizten Backofen mindestens 90 Minuten schmoren, bis das Fleisch weich ist.

3 • Für das Kraut die Schalotten im Schmalz goldbraun rösten. Das Spitzkraut dazugeben und kräftig andünsten. Mit dem Mehl bestreuen, mit Salz und Pfeffer würzen und Lorbeer sowie Wacholderbeeren dazugeben. Mit dem Weißwein ablöschen.

4 • Die Quitte schälen und die Schale zum Kraut geben. Das Kerngehäuse der Quitte entfernen, die Frucht klein würfeln, zum Kraut geben und gute 45 Minuten köcheln lassen.

5 • Immer wieder umrühren. Nach 30 Minuten den Kümmel dazugeben und die Quittenschale entfernen. Am Ende der Kochzeit noch einmal abschmecken und nach Geschmack mit Essig nachsäuern.

6 • Das Fleisch aus dem Schmortopf nehmen und warm halten. Die Kräuter entfernen, die Sauce durch ein Sieb passieren, erneut aufkochen und etwas einkochen lassen. Mit Pfeffer abschmecken.

7 • Für die Rübchen die Sahne in einem Topf zum Kochen bringen und um die Hälfte reduzieren. Die Rübchen reinigen, etwas abkratzen, halbieren und zur Sahne geben. Zugedeckt knapp 10 Minuten garen und salzen. Kurz vor dem Servieren mit kalter Butter andicken.

8 • Alles auf angewärmten Tellern anrichten und servieren.

Variationen:

Natürlich funktioniert das Gericht auch mit Kalbsbäckchen. Die Quitte lässt sich beim Kraut durch einen Apfel ersetzen. Auch Sauerkraut passt gut. Die feine Säure harmoniert mit dem Rest des Gerichts, den „schmelzenden" Bäckchen und den sahnigen Rüben. Sollten Sie keine Teltower Rübchen bekommen, können Sie das Gericht auch mit anderen Rübensorten oder Steckrübe zubereiten.

Geschmorter Ochsenschwanz

15 g getrocknete Pilze
8 Ochsenschwanzstücke
  (eher dick)
3 EL Butterschmalz
1 EL Mehl
2 Zwiebeln, klein geschnitten
100 g Sellerie, gewürfelt
3 Karotten, klein geschnitten
2 kleine Petersilienwurzeln,
  gewürfelt
½ Stange Lauch, in Ringen
1 Knoblauchzehe, gehackt
500 ml Rotwein
  (z.B. Spätburgunder)
1 EL Tomatenmark
1 TL getrockneter Thymian
2 Lorbeerblätter
2 Nelken
4 Wacholderbeeren
Salz, Pfeffer
70 g Butterflöckchen

1 • Pilze mit wenig kochendem Wasser in einer Tasse übergießen und einige Minuten ziehen lassen. Den Backofen auf 180 °C vorheizen.
2 • Den Ochsenschwanz waschen, trocken tupfen und in einem großen Schmortopf im Butterschmalz von allen Seiten anbraten. Mit dem Mehl bestäuben.
3 • Zwiebeln, Sellerie, Karotten, Wurzelpetersilie, Lauch und Knoblauch zum Ochsenschwanz geben und mitbraten.
4 • Die Pilze aus dem Wasser nehmen, fein hacken und in den Schmortopf geben. Das Ganze mit dem Einweichwasser der Pilze und dem Rotwein ablöschen, Tomatenmark, Thymian, Lorbeer, Nelken und Wacholderbeeren hinzugeben. Ohne Deckel im vorgeheizten Backofen 2 Stunden garen. Das Fleisch immer wieder mit Flüssigkeit begießen.
5 • Die Fleischstücke aus dem Sud nehmen, die Sauce durch ein Sieb abgießen und die festen Saucenbestandteile durch das Sieb streichen. Die Sauce mit Salz und Pfeffer abschmecken und nach Geschmack mit kalten Butterflöckchen binden.
6 • Auf angewärmten Tellern servieren. Dazu passen Kartoffelklöße, Semmelknödel, Spätzle, Kartoffeln, Couscous oder Polenta.

Variationen:

Das Essen ist gut vorzubereiten und gehört zu den Gerichten, die aufgewärmt mindestens genauso gut schmecken. Wenn Sie also gleich eine größere Menge zubereiten, kommen Sie am nächsten Tag noch einmal in den Genuss. Wer keine glatte Sauce haben will, kann auch direkt nach dem Schmoren aus dem Topf servieren. Die mitgeschmorten Wurzeln sind dann wahre Aromabomben.

Wurzel-Lammschulter

Fleisch

400 g Wurzelgemüse (z.B. Steck-
    rübe, Wurzelpetersilie, Sellerie,
    Karotte oder Pastinake),
    gewürfelt

1 Zwiebel, gewürfelt

2 EL Butter

150 ml Gemüsebrühe

1 Lammschulter

2 EL Senf

Salz, Pfeffer

1 Stängel Rosmarin, Nadeln
    abgezupft

1 Knoblauchzehe, gehackt

2 EL Butterschmalz

Sauce

2 EL Mehl

2 EL weiche Butter

2 EL Butterschmalz

300 g Wurzelgemüse (z.B. Steck-
    rübe, Wurzelpetersilie, Sellerie,
    Karotte oder Pastinake), grob
    zerkleinert

1 Zwiebel, gewürfelt

1 Stange Lauch, in Ringen

150 ml Gemüsebrühe

150 ml kräftiger Rotwein

1 Knoblauchzehe, gehackt

1 Stängel Rosmarin

2 Lorbeerblätter

1 EL Tomatenmark

1 • Das Wurzelgemüse und die Zwiebeln in der Butter anbraten. Mit der Gemüsebrühe ablöschen und 10 Minuten einkochen lassen. Abkühlen lassen.

2 • Den Backofen auf 100 °C vorheizen. Die Lammschulter von den Sehnen und Häuten befreien und vom Knochen schneiden, mit Senf und der abgekühlten Wurzelmasse bestreichen, salzen und pfeffern, Rosmarin und Knoblauch darüberstreuen, das Fleisch aufrollen und mit Küchengarn zusammenbinden.

3 • Das Fleisch im Butterschmalz scharf anbraten. Aus dem Topf nehmen, mit Alufolie umwickeln und im vorgeheizten Backofen gut 3 Stunden schmoren. Dann die Temperatur auf gut 160 °C erhöhen, die Folie an der Oberseite öffnen und weitere 30 Minuten schmoren.

4 • Mehl und Butter miteinander verkneten, dann kalt stellen.

5 • Für die Sauce die Knochen der Schulter ohne Zugabe von Fett in einem Topf anrösten. Butterschmalz, Sehnen und Häute der Lammschulter, Wurzelgemüse, Zwiebel und Lauch zugeben und anbraten. Mit der Gemüsebrühe und dem Rotwein ablöschen, Knoblauch, Rosmarin, Lorbeer und Tomatenmark zugeben und zugedeckt gut 1 Stunde köcheln lassen.

6 • Knochen, Gemüse und Gewürze entfernen und die Sauce auf gut die Hälfte einkochen lassen. Mit der kalten Mehlbutter binden und abschmecken.

7 • Die Lammschulter aus dem Ofen nehmen, kurz ruhen lassen, vom Küchengarn befreien, in Scheiben schneiden und mit etwas Sauce begießen. Als Beilage passen frisches Weißbrot, angebratene Semmelknödel, Spätzle oder Kartoffeln und dazu ein Endiviensalat mit einer Kräutervinaigrette.

Variationen:

Ein Stampf aus mehligen Kartoffeln und gekochten Wurzeln passt sehr gut als Beilage. Auch ein Wurzel-Kartoffel-Gratin ist lecker.

Wurzel-Schmortopf

15 g getrocknete Waldpilze

200 g Möhren, in Stiften

200 g Petersilienwurzeln, in Stiften

200 g Rote Bete, in Stiften

200 g Steckrüben, in Stiften

200 g Sellerie, in Stiften

200 g Paprika, klein geschnitten

1 Chilischote, geviertelt, ohne Kerne

200 g Zwiebeln, in Spalten

30 g Butterschmalz

150 ml Rotwein

150 ml Sherry fino

1 Knoblauchzehe, klein gewürfelt

425 ml gehackte Tomaten aus der Dose, abgetropft

Salz, Pfeffer

1 Stängel Rosmarin, grob gehackt

1 Stängel Thymian, grob gehackt

2 Lorbeerblätter, grob gehackt

1 Handvoll Walnüsse, grob gehackt

100 g geräucherter Bauchspeck, gehackt

4 Stängel glatte Petersilie

1 • Die Pilze mit heißem Wasser übergießen und 5 Minuten ziehen lassen. Den Backofen auf 180 °C vorheizen.

2 • Das Gemüse portionsweise in einem großen Schmortopf im Butterschmalz anbraten und Farbe annehmen lassen. Mit der Hälfte des Weins und des Sherrys begießen. Die Pilze in den Schmortopf abgießen.

3 • Die Pilze fein schneiden und mit Knoblauch und Tomaten in den Topf geben. Kurz aufkochen lassen und nach Geschmack mit Salz und Pfeffer würzen.

4 • Auf der untersten Schiene des Backofens gut 60 Minuten schmoren. Dabei die Gemüsestücke immer wieder wenden und bei Bedarf Sherry oder Wein nachgießen. Nach der Hälfte der Zeit Rosmarin, Thymian und Lorbeer dazugeben.

5 • 15 Minuten vor Ablauf der Schmorzeit die Walnüsse ohne Zugabe von Fett rösten, den Speck in einem Topf auslassen. Die Petersilie waschen, trocknen, abzupfen. Die Stängel klein hacken und zum Schmortopf geben. Die Blätter klein schneiden und beiseite legen.

6 • Das Gemüse auf angewärmte Teller verteilen und mit Walnüssen, Speck und Petersilie bestreuen.

Variationen:

Wurzelgemüse eignen sich gut zum Schmoren. Es nimmt Fett und Aromen gut auf und schmeckt nach dem Garen vorzüglich. Wer es gern vegetarisch hätte, lässt den Speck einfach weg.

Gefüllte Rote Beten mit Pastinakenpüree

Gefüllte Rote Beten

4 Rote Beten (je 300–400 g)
500 g Schweinegeschnetzeltes
2 EL Butterschmalz
3 Schalotten, gewürfelt
200 g Champignons, in Scheiben
1 EL Mehl
125 g Sahne
125 ml Weißwein
Salz, Pfeffer
Püree
1 Pastinake (ca. 400–500 g),
   gewürfelt
300 g mehligkochende Kartoffeln,
   gewürfelt
250 ml Milch
Salz, Muskat
Frische saisonale Gartenkräuter
   (z.B. Kerbel, Koriander, Petersilie, Schnittlauch), fein gehackt
1 Handvoll Walnüsse, gehackt

1 • Die Roten Beten in Salzwasser in gut 45 Minuten weich kochen. Abdampfen lassen und die Schale unter leicht fließendem Wasser abreiben. Einen Deckel abschneiden und das Fruchtfleisch mit einem Kugelausstecher ausstechen. Die ausgehöhlten Roten Beten im Backofen bei 60 °C warm halten.
2 • Das Fleisch im Butterschmalz goldbraun anbraten. Nach 3 Minuten die Schalotten und die Champignons dazugeben und mitbraten. Das Mehl darüberstreuen, kurz mitbraten und mit Sahne und Weißwein ablöschen. Wieder zum Kochen bringen, mit Salz und Pfeffer abschmecken und 10 Minuten weiterköcheln lassen.
3 • Die Pastinake und die Kartoffeln in der Milch in 15 Minuten weich kochen. Zu Püree stampfen und mit Salz und Muskat abschmecken.
4 • Die Roten Beten mit dem Geschnetzelten füllen und mit Püree auf angewärmten Tellern, mit Kräutern und Walnüssen bestreut, servieren.

Variationen:

Wenn man beim Ausstechen der Roten Bete einen kleinen Kugelausstecher nimmt, kann man einige von den Kugeln ins Püree mischen oder aus den Kugeln noch einen Salat mit einer Balsamico-Walnussöl-Vinaigrette machen. Das sieht hübsch aus und schmeckt gut dazu. Das Rezept funktioniert auch mit Sellerie (keine zu großen Knollen nehmen). Den Deckel des Selleries schneidet man vorher ab und blanchiert ihn nur kurz. Die Knolle darf in Bio-Qualität auch ungeschält verwendet werden, sollte vorher aber gut gereinigt werden.

Desserts

Gelbe-Rüben-Honig-Eis

1 unbehandelte Orange
60 g Zucker
150 g Karotten
½ Stange Zimt
Mark von 1 Vanilleschote
2 Eier, getrennt
3 TL Honig
150 g Sahne

1 • Die Orange waschen, trocknen und mit 1 Handvoll Zucker abreiben, um das Orangenöl aus der Schale zu lösen. Die Karotten fein reiben. Die Orange auspressen, Orangensaft, Karotten, Orangenzucker, Zimtstange und Vanillemark in einem Topf aufkochen und um gut ein Drittel einkochen lassen.
2 • Eigelb, Honig und restlichen Zucker in einer Metallschüssel über einem Wasserbad cremig aufschlagen und abkühlen lassen.
3 • Die Sahne steif schlagen. Eiweiß zu Schnee schlagen. Sahne, Eischnee und Karottenmasse unter die Eimasse heben. In der Eismaschine oder dem Gefrierschrank (dabei immer wieder mit einer Gabel durchrühren) gefrieren.

Variationen:

Man kann auch violette Möhren (Purple Haze, Beta Sweet) nehmen, anstatt Orangen Quitten, anstelle des Zimts auch Sternanis oder Kardamom. Fein schmecken auch kandierte Orangenstückchen.
Die ausgekratzte Vanilleschote nicht wegwerfen. Mit 300 g Zucker in ein Schraubglas geben, das ergibt leckeren Vanillezucker.

Pastinaken-Karotten-Krapfen

30 g Butter

250 g Mehl (Type 405) + etwas
zusätzlich

1 Pr Salz

110 ml lauwarmes Wasser
oder Milch

20 g Hefe

3 EL Zucker

1 Ei

70 g Karotten, geraspelt

70 g Pastinaken, geraspelt

200 g Butterschmalz zum
Ausbacken

500 g Kokosfett zum Ausbacken

100 g Zucker zum Wälzen

1 • Aus Butter, Mehl, Salz, Wasser oder Milch, Hefe, Zucker und Ei wie beim Grundrezept süßer Hefeteig (siehe S. 132) einen Hefeteig herstellen.

2 • Karotten und Pastinaken bei Schritt 6 des Grundrezepts zugeben und unterheben. Gegebenenfalls 1 Handvoll Mehl unterarbeiten, wenn der Teig dadurch zu feucht und klebrig geworden ist.

3 • Den Teig auf einer bemehlten Arbeitsfläche 7 mm dick ausrollen und mit einem Ausstecher mit 5 cm Durchmesser Kreise ausstechen.

4 • Schmalz und Kokosfett in einem kleinen Topf auf 180 °C erhitzen (Das Öl ist heiß genug, wenn sich am Stiel eines Holzlöffels Bläschen bilden.) und die Teigkreise im heißen Fett braun ausbacken.

5 • Die fertigen Krapfen abtropfen lassen, in Zucker wälzen und möglichst frisch am besten mit einer Kugel Gelbe-Rüben-Honig-Eis (siehe vorheriges Rezept) servieren.

Variationen:

Sie können neben Rüben auch Apfel und gehackte Nüsse zugeben oder, wenn Sie sich das zutrauen, auch zwei Teigkreise mit Eis füllen und diese ausbacken. Wenn das schnell geht, wirkt die Teigschicht wie Isoliermaterial und hindert das Eis am Schmelzen. Mit gehackten Pistazien oder Walnüssen bestreuen.

Karotten-Mandel-Zopf

1 Portion süßer Hefeteig
   (siehe Seite 132)

2 Karotten, geraspelt

1 Ei, getrennt

100 g blanchierte und gemahlene
   Mandeln

5 EL Zucker

10 ml Rum

Etwas Wasser

1 Handvoll gehackte Mandeln
   zum Bestreuen

1 EL Hagelzucker zum Bestreuen

1 • Den Hefeteig wie auf S. 132 beschrieben zubereiten. Die Karotten bei Schritt 3 zufügen.

2 • Den Backofen auf 180 °C vorheizen. Eiweiß, gemahlene Mandeln, Zucker, Rum und etwas Wasser in einer Schüssel zu einer streichbaren Masse verrühren. Gegebenenfalls noch etwas Wasser unterrühren.

3 • Den Teig auf einer bemehlten Arbeitsfläche quadratisch ausrollen und die Mandelmasse aufstreichen. Den Teig in drei gleich große Streifen schneiden und der Breite nach zu langen Strängen aufrollen. Die drei Stränge zu einem Zopf flechten und auf ein Backblech mit Backpapier legen. Mit dem Eigelb einpinseln und mit Mandelstückchen und Hagelzucker bestreuen. Im vorgeheizten Backofen gut 35 Minuten backen.

Variationen:

Der Zopf kann mit vielen Füllungen, wie z.B. unterschiedlichen Marmeladen und Konfitüren, aber auch Frucht- und Wurzelmusen gefüllt werden. In der salzigen Variante (Grundrezept salziger Hefeteig siehe Seite 132) kann der Zopf beispielsweise mit Quark und Kräutern oder mit Frischkäse, in Butter gedünsteten Wurzelgemüsewürfeln (Sellerie, Steckrübe, Karotte, Pastinake) und Speck mit gerösteten Zwiebeln gefüllt werden.

Pastinaken-Kuchen

50 g getrocknete Äpfel
20 ml Rum
80 ml Wasser
100 g geriebene Haselnüsse
250 g Pastinaken
4 Eier
1 Pr Salz
200 g zimmerwarme Butter
200 g Rohrzucker
1 Pck. Backpulver
Abgeriebene Schale von
  ½ unbehandelten Zitrone
1 TL Zimt
200 g Weizenmehl (Type 405)
50 ml Milch
Fett und Paniermehl für die Form

1 • Die Äpfel grob hacken, mit Rum und Wasser übergießen und 1 Stunde quellen lassen.

2 • Den Backofen auf 200 °C vorheizen. Die Haselnüsse ohne Zugabe von Fett anrösten und abkühlen lassen. Die Pastinaken schälen und raspeln. Die Eier trennen und das Eiweiß mit dem Salz zu Schnee schlagen.

3 • Butter und Zucker in einer Rührschüssel schaumig schlagen, Eigelb untermischen.

4 • Pastinaken, Apfel-Rum-Mischung, Haselnüsse sowie Backpulver, Zitronenschale und Zimt unter den Teig heben. Das Mehl über den Teig sieben, Milch und Eischnee zufügen und alles vorsichtig unterheben.

5 • Den Teig in eine gefettete und mit Paniermehl ausgestreute Rund- oder Kastenform füllen, glatt streichen und im vorgeheizten Backofen gut 45 Minuten backen. Die Backofentür währenddessen nicht öffnen. Garprobe machen.

6 • Den fertigen Kuchen kurz in der Form, dann auf einem Kuchengitter vollständig abkühlen lassen.

Variationen:

Probieren Sie statt der Rumäpfel Rumrosinen, in Alkohol eingelegte getrocknete Sauerkirschen, Orangensaft oder Schokoladenstücke. Oder würzen Sie mit Safran, Muskatnuss, Tonkabohne oder Kakao.

Quark-Möhren-Birnen-Kuchen

Mürbeteig

250 g Mehl (Type 405)

125 g Butter

60 g Zucker

1 Ei

Füllung

2 Eier, getrennt

200 g Möhren, geraspelt

1 Birne (z.B. Alexander Lukas),
gewürfelt

500 g halbfetter Quark

25 g Butter

80 g Zucker

10 ml Orangenlikör

1 TL Speisestärke

Schale und Saft von
½ unbehandelten Zitrone

1 • Für den Mürbeteig alle Teigzutaten in einer Schüssel mit einem Messer hacken. Zügig zu einer gleichmäßigen Teigkugel kneten und eine normale Springform oder zwei kleine damit auslegen. Den Backofen auf 200 °C vorheizen.

2 • Für die Füllung Eiweiß zu Schnee schlagen. Eigelb, Möhren, Birne, Quark, Butter, Zucker, Orangenlikör, Speisestärke sowie Zitronenschale und 1 EL -saft zu einer glatten Masse rühren. Den Eischnee vorsichtig unterheben und die Masse auf den Mürbeteig geben.

3 • Im vorgeheizten Backofen auf der mittleren Schiene gut 50 Minuten goldbraun backen. Garprobe machen. Kurz in der Form, dann auf einem Kuchengitter vollständig auskühlen lassen. Mit geschlagener Sahne servieren.

Variationen:

Am besten schmeckt der Kuchen mit frisch geschlagener Sahne. Wenn Sie mit zwei kleinen Backformen arbeiten, können Sie den zweiten Kuchen einfach für die nächste Gelegenheit einfrieren. Außer Möhren können Sie auch Pastinaken nehmen und anstelle der Birnen auch säuerliche Äpfel (z.B. Boskoop).

Griesflammeri mit Karotten-Pomelokompott

Flammeri

1 unbehandelte Zitrone
3 EL Rohrzucker
500 ml Vollmilch
1 EL Butter
2 Eigelb
80 g Weichweizengrieß
Etwas Butter für die Formen

Kompott

½ Zimtstange
60 g Zucker
80 ml weißer Portwein
Saft von 2 unbehandelten
  Orangen
300 g Karotten, in feinen
  Scheiben
1 TL Kartoffelstärke, in Wasser
  eingerührt
½ Pomelo

1 • Für den Flammeri die Zitrone waschen und abtrocknen. Den Zucker über die Zitronenschale reiben, damit er das Aroma annimmt, und dann zur Milch geben.

2 • Die Butter in einem Topf schmelzen, Milch und Eigelb dazugeben und unter ständigem Rühren langsam erhitzen.

3 • Den Grieß in die kochende Milch rühren, kurz aufkochen lassen, den Flammeri vom Herd nehmen, in kleine gebutterte Schälchen umfüllen und abkühlen lassen.

4 • Für das Kompott die Zimtstange in einem Topf ohne Zugabe von Fett anrösten, den Zucker zugeben, karamellisieren und mit etwas Wasser ablöschen. Portwein, Orangensaft und Karotten zugeben und bissfest kochen. Das Kompott mit der Stärke binden.

5 • Die Pomelo schälen, die Filets vorsichtig auslösen. Zum Servieren die Flammeri stürzen und mit dem Kompott sowie den Pomelofilets auf einem Teller anrichten.

Variationen:

Diese Art von Kompott kann mit vielen Karottenarten (auch den violetten) gemacht werden. Auch Pastinake eignet sich gut. Man kann verfahren wie bei anderen Fruchtkompotten und verschiedene Gewürze ausprobieren. Sternanis, Kardamom, roter „Pfeffer" und Tonkabohne bieten sich an.

Karotten-Hefewaffeln

Waffeln

180 g Mehl (Type 405)
50 g Zucker
1 große Karotte, fein geraspelt
1 Ei
gut 200 ml Wasser oder Milch
5 g Hefe
50 g Butter, zerlassen

Pastinaken-Birnen-Kompott

1 kleine Pastinake, gewürfelt
Saft von 2 Orangen
1 kleine Zimtstange
40 g Zucker
3 feste Birnen (z.B. Alexander
   Lukas), gewürfelt
10 ml Orangenlikör

1 • Mehl, Zucker, Karotte und Ei in eine Rührschüssel geben, in die Mitte eine Vertiefung drücken, Wasser oder Milch dazugeben, die Hefe zerbröseln und zur Flüssigkeit geben. Die abgekühlte Butter dazugeben.

2 • Mit einem Schneebesen von der Mitte zum Rand rühren, bis ein gleichmäßiger flüssiger Teig entstanden ist. Den Teig mindestens 1 ½ Stunden abgedeckt an einem warmen Ort gehen lassen.

3 • Im heißen Waffeleisen ca. 8–10 Waffeln ausbacken.

4 • Für das Kompott die Pastinake mit dem Orangensaft, der Zimtstange und dem Zucker aufkochen und gut 10 Minuten zugedeckt köcheln lassen. Dann erst die Birnenwürfel dazugeben und so lange weiterköcheln, bis die Birnen weich, aber noch leicht bissfest sind. Ganz zum Schluss den Orangenlikör dazugeben.

5 • Mit den Waffeln und, wenn gewünscht, frisch geschlagener Sahne servieren.

Variationen:

Sie können anstelle der Karotte auch die Pastinake in die Waffeln reiben und das Kompott mit Karotte herstellen. Wer eine Rührschüssel mit Deckel hat, kann den Teig auch am Vorabend vorbereiten, an einem kühlen Ort über Nacht gehen lassen und die Waffeln zum Frühstück ausbacken. Ersetzen Sie beim Kompott den Orangenlikör durch Anislikör und würzen Sie mit Sternanis, das ergibt eine völlig andere Geschmacksnote.

Orangen-Karotten-Marmelade

1,5 kg unbehandelte Orangen
400 g Möhren, fein geraspelt
1 Sternanis
1 Zimtstange
2 Nelken
1 kg Gelierzucker 1:1
20 ml Orangenlikör
Ergibt ca. 6 Gläser à 250 ml

1 • Die Orangen waschen, die Schale mit dem Zestenreißer abschälen und zu den Möhren geben. Die Orangen auspressen und den Saft ebenfalls zu den Möhren geben. Zuletzt die Gewürze dazugeben.
2 • Den Gelierzucker untermischen. Alles auf niedriger Stufe erhitzen, bis sich der Zucker aufgelöst hat, dann 4 Minuten sprudelnd kochen lassen. Gelierprobe machen.
3 • Den Orangenlikör dazugeben und umrühren. Marmelade in sterilisierte, fest verschließbare Gläser füllen, verschließen und einige Minuten auf dem Deckel stehen lassen.

Variationen:
Die Marmelade kann natürlich auch mit anderen Wurzeln gekocht werden, die süß sind und keine oder wenige Senföle enthalten, wie z.B. Wurzelpetersilie oder Pastinake. Marmeladen und Konfitüren sind ein schönes Experimentierfeld für Gewürze. Versuchen Sie doch auch einmal Kardamom, Chili, Tonkabohne, Muskatnuss oder Safran.

Pastinaken-Birnen-Ingwer-Konfitüre

600 g Pastinake, geraspelt

2 reife Birnen, gewürfelt

1 daumengroßes Stück Ingwer, gerieben

Schale und Saft von
  1 unbehandelten Zitrone

150 ml Apfelsaft

1 kg Gelierzucker 1:1

1 Sternanis

1 Zimtstange

2 Nelken

Ergibt ca. 6 Gläser à 200 ml

1 • Alle Zutaten in einem großen Topf mischen und ziehen lassen.

2 • Alles auf niedriger Stufe erhitzen, bis sich der Zucker aufgelöst hat, dann 4 Minuten sprudelnd kochen lassen. Gelierprobe machen. Konfitüre in sterilisierte, fest verschließbare Gläser füllen, verschließen und einige Minuten auf dem Deckel stehen lassen.

Variationen:

Den Apfelsaft können Sie auch durch Weißwein oder Orangensaft ersetzen und mit den Mengenverhältnissen dürfen Sie experimentieren. Anstelle der Birnen können Sie Pomelo oder Pink Grapefruit ausprobieren.

DESSERTS

Ingwerkonfitüre

500 g Ingwer

Schale und Saft von
  1 unbehandelten Zitrone

700 ml Quittensaft

300 ml Wasser

2 Stangen Zimt

1,5 kg Gelierzucker 1:1

Ergibt ca. 8 Gläser à 200 ml

1 • Den Ingwer waschen und schälen. Die Ingwerstücke mit Zitronensaft beträufeln, abdecken und kalt stellen. Die Ingwerschalen mit Quittensaft und Wasser 5 Minuten kochen, vom Herd nehmen und einige Stunden stehen lassen.

2 • Die Ingwerstücke fein raspeln, die Ingwerschalen abseihen und den Sud zu den Ingwerraspeln geben. Den restlichen Zitronensaft, -schale und die Zimtstangen zugeben. Den Zucker einrühren und alles 2 Stunden ziehen lassen.

3 • Alles auf niedriger Stufe erhitzen, bis sich der Zucker aufgelöst hat, dann 4 Minuten sprudelnd kochen lassen. Gelierprobe machen. Konfitüre in sterilisierte, fest verschließbare Gläser füllen, verschließen und einige Minuten auf dem Deckel stehen lassen.

Variationen:

Die Konfitüre passt gut zu Ziegenfrischkäse und Brot als Vorspeise, ist aber auch als Brotaufstrich geeignet. Die frische und würzige Schärfe ist eine angenehme Alternative zu den bekannten Konfitüresorten, der Quittensaft rundet das kräftige Aroma ab. Interessant ist auch die Variante Ingwer und Karottensaft. Nehmen sie dazu frisch gepressten Saft oder einen guten Direktsaft aus der Flasche.

Anhang

Gemüsebrühe

2 Zwiebeln
4 Nelken
50 g Butter
1 Stange Lauch, in Ringen
3 Möhren, gewürfelt
1 Wurzelpetersilie, gewürfelt
½ Knolle Sellerie, gewürfelt
Salz, Pfeffer
1 Lorbeerblatt
1 ganze Knoblauchzehe
125 ml Weißwein
2 l Wasser

Optional

100 g Champignons oder auch
    getrocknete Waldpilze
2 getrocknete Tomaten
Kräuter (z.B. Thymian, Zitronen-
    thymian, Estragon, Liebstöckel)
15 g frischer Ingwer

1 • Die Zwiebeln schälen, halbieren, mit den Nelken spicken und in einem großen Topf ohne Zugabe von Fett anrösten.
2 • Die Butter dazugeben, nach und nach das klein geschnittene Gemüse einrühren und kurz mitbraten.
3 • Salz, Pfeffer, Lorbeer und Knoblauch dazugeben, alles mit Weißwein und Wasser ablöschen und aufkochen.
4 • Optionale Bestandteile nach Geschmack dazugeben und gute 30 Minuten auf kleiner Stufe kochen.
5 • Abkühlen lassen und die Brühe durchseihen.

Tipp:

Diese Brühe dient als Grundlage für jede Suppe und kann für viele andere Zwecke verwendet werden. Mit Gemüse- oder Kräuterpüree wird daraus eine gebundene Suppe, die weiter mit Sahne oder Crème fraîche verfeinert werden kann. Klare Suppen bereiten Sie mit kleingewürfelten oder -gestifteten Gemüseeinlagen zu. Einfache geröstete Brotwürfel sind als Suppeneinlage ebenso lecker wie Nudeln, Klößchen oder Eierstich. Sie können die Suppe auch einfrieren und bei Bedarf auftauen. Bei den Zutaten können Sie natürlich variieren. Lauch, Möhren, Sellerie und Zwiebeln sind die traditionellen Zutaten. Diese können aber jederzeit durch andere Wurzeln ergänzt und teilweise auch ersetzt werden. Probieren Sie doch einfach mal Pastinake, Kohlrabi, Steckrübe oder auch Mangold. Übrigens wird bei allen Brühen des Aroma umso stärker, je länger die Brühe auf niedriger Stufe einkocht, deshalb auch erst ganz zum Schluss fertig würzen.

Variationen:

Für eine Hühnerbrühe alle obigen Zutaten mit einem Suppenhuhn zusammen in einem großen Topf mit kaltem Wasser ansetzen, aufkochen und auf niedriger Stufe 1 ½ Stunden köcheln lassen. Abkühlen lassen und abseihen. Das Fleisch kann als Suppeneinlage oder als Ragout verwendet werden.
Für eine Fleischbrühe die Zwiebeln wie oben beschrieben anrösten und zusammen mit 500 g Suppenfleisch, 5 Suppenknochen und den restlichen Zutaten in einem Topf mit kaltem Wasser ansetzen und wie die Hühnerbrühe weiterverarbeiten.

Sofritto

2 EL Rapsöl
4 Zwiebeln, gehackt
2 Knoblauchzehen
1 Pr Salz
150 g Staudensellerie, gehackt
2 Karotten, gehackt
1 Petersilienwurzel, gehackt
100 g Lauch, gehackt
100 g Pastinake, gehackt

1 • Das Öl erhitzen, dann zuerst die Zwiebel anrösten, danach die übrigen Gemüsestückchen zugeben und alles scharf anrösten, nur gelegentlich rühren. Sobald alles leicht gebräunt ist, zugedeckt bei kleinerer Hitze 5-10 Minuten dünsten.
2 • Durchrühren und weiterverwenden oder in Portionsgrößen für die spätere Verwendung einfrieren.

Tipp:

Ein Viertel der oben angegebenen Menge reicht jeweils als Grundlage für eine Sauce für vier Personen. Sie können auch gleich die doppelte Menge herstellen, mehr in einem Durchgang nicht, sonst gelingt der Röstprozess nicht mehr.

Variationen:

Variieren Sie die Gemüsesorten, schon haben Sie eine ganz neue Geschmacksrichtung oder ein neues Gericht. Geben Sie einem beliebigen Gemüse, z.B. Kohlrabi, eine Portion Sofritto zu und dünsten Sie alles 15 Minuten mit wenig Wasser. Für eine Suppe das Sofritto einfach mit gekörnter Brühe aufgießen. Oder geben Sie eine Portion Sofritto mit einer Packung geschälter Tomaten und etwas Basilikum in einen Topf – das ergibt eine herrliche Tomatensauce. Auch sehr italienisch schmeckt das Sofritto mit Pancetta, Sardellenfilets und Kapern. Für eine asiatische Note zu Tofu oder Hähnchenstreifen kochen Sie das Sofritto mit einer Tasse Kokosmilch, einem Stängel Zitronengras und einer kleinen Chilischote, optional noch mit etwas Weißkohl oder Pak Choi, 10 Minuten bei niedriger Temperatur.

Hefeteig

Hefeteig süß
50 g Butter
500 g Mehl (Type 405)
1 Pr Salz
250 ml Milch
1 Würfel Hefe
60 g Zucker
1 Ei

Hefeteig salzig
500 g Mehl (Type 405)
2 TL Salz
280 ml lauwarmes Wasser
½ Würfel Hefe

1 • Für den süßen Hefeteig die Butter schmelzen und etwas abkühlen lassen.
2 • Das Mehl mit dem Salz in eine ausreichend große Schüssel geben und in die Mitte eine Vertiefung drücken. Dort hinein die Milch (süß) oder das lauwarme Wasser (salzig) geben und die Hefe einrühren. 5 Minuten stehen lassen.
3 • Beim süßen Hefeteig die restlichen Zutaten und die Butter hinzugeben. Alles zu einem glatten Teig kneten.
4 • Von Hand weiterkneten und Mehl beziehungsweise Wasser oder Milch hinzugeben, bis der Teig nicht mehr an den Händen kleben bleibt und sich gut von der Schüssel löst.
5 • Den Teig abdecken und an einem zugfreien warmen Ort so lange gehen lassen, bis er sein Volumen verdoppelt hat.
6 • Beliebig weiterverarbeiten.

Tipp:
Nach 30 Minuten den Teig durchkneten und nochmals gehen lassen, das verbessert die Feinporigkeit des Teigs. Salziger Hefeteig kann aber auch gut über Nacht oder noch länger gehen. Je nach Mehlsorte oder Wassermenge bekommt man die unterschiedlichsten Ergebnisse.

Register

ANHANG

Dank:

Ein ganz herzliches Dankeschön an meine Mitautorin Dr. Petra Forster, die Fachkompetenz ins Thema Wurzeln brachte.
Danke auch an Daniela Naumann, die mit viel Geduld mangelnde Schreibkünste gerade rückte.
Dank an Nikoline Wagner, die alle Gerichte probieren durfte und nun erst einmal genug von Rüben und Fotolampen in der Küche hat. Ein besonderes Dankeschön auch an die Gärtnerei Claus aus Esslingen und den Wochenmarkt am Ostendplatz in Stuttgart und Alfons Koller (www.veggiepaper.de), der thematisch passende Gemüsepapiere zur Verfügung gestellt hat.
Danke auch an den Slow Food e.V. (www.slowfood.de), der mich immer wieder darauf aufmerksam macht, dass ein sorgsamer Umgang mit Sorten und Lebensmitteln wichtig ist.

Bilder auf Seite 16 und Seite 23 von pixelio (M. Großmann/Rainer Sturm)

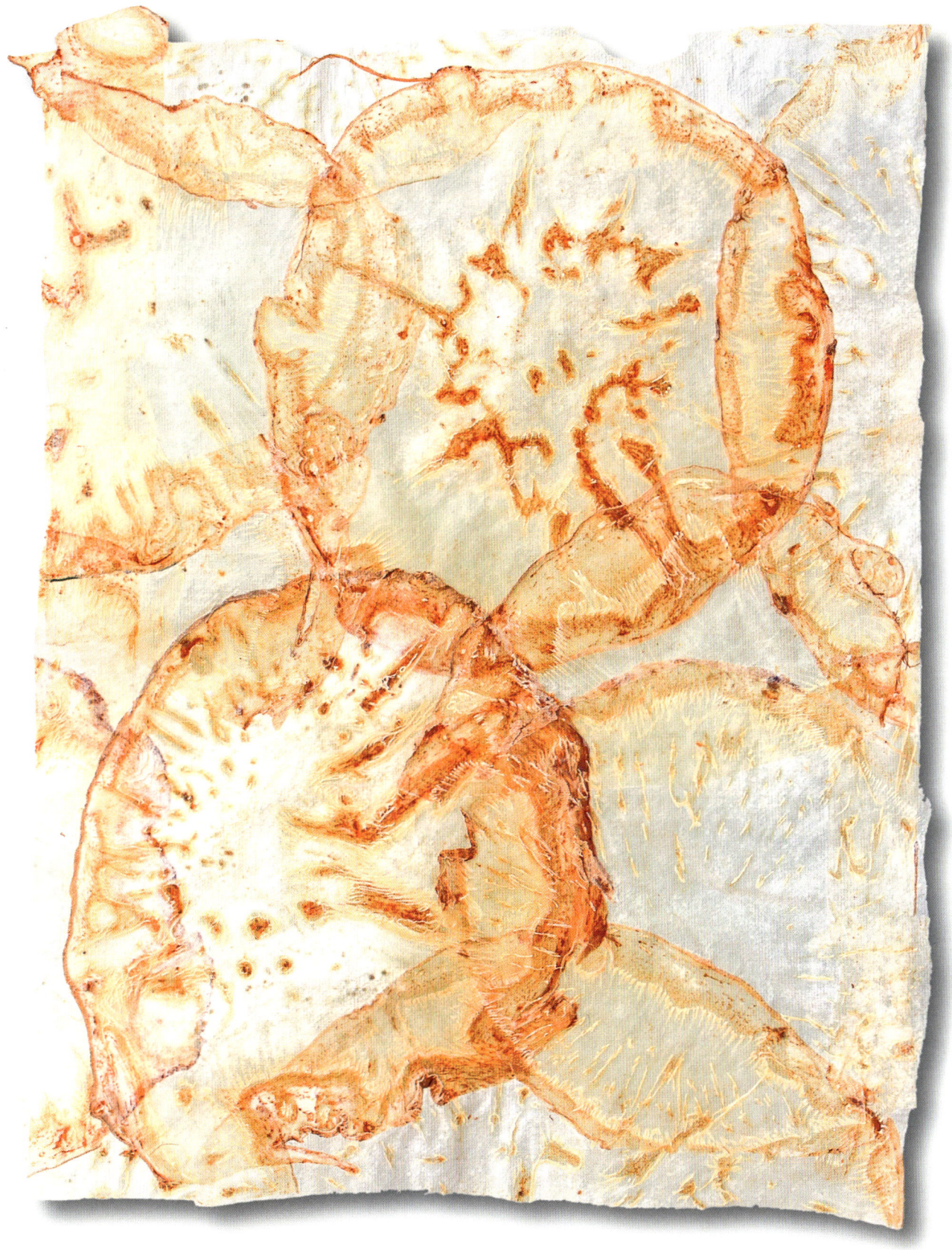